高等职业教育“十三五”规划教材

信息化的酒店管理

穆 林 著

中国轻工业出版社

图书在版编目(CIP)数据

信息化的酒店管理/穆林著. —北京:中国轻工业出版社,2020. 8

高等职业教育“十三五”规划教材

ISBN 978-7-5019-9265-2

Ⅰ. ①信… Ⅱ. ①穆… Ⅲ. ①信息技术—应用—饭店—商业企业管理—高等职业教育—教材 Ⅳ. ①F719. 2-39

中国版本图书馆 CIP 数据核字(2013)第 113134 号

责任编辑:张文佳　　责任终审:劳国强　　封面设计:锋尚设计

版式设计:王超男　　责任校对:吴大鹏　　责任监印:张　可

出版发行:中国轻工业出版社(北京东长安街 6 号,邮编:100740)

印　　刷:北京君升印刷有限公司

经　　销:各地新华书店

版　　次:2020 年 8 月第 1 版第 7 次印刷

开　　本:720×1000　1/16　印张:9. 5

字　　数:230 千字

书　　号:ISBN 978-7-5019-9265-2　定价:28. 00 元

邮购电话:010-65241695

发行电话:010-85119835　传真:85113293

网　　址:http://www. chlip. com. cn

Email:club@ chlip. com. cn

如发现图书残缺请与我社邮购联系调换

KG1124-130425

前　言

信息化是酒店业变化最快的领域之一，这既体现在酒店信息化丰富的内涵——酒店前台系统、餐饮系统、宴会与销售系统、财务管理系统、能源控制与工程管理系统等，又体现在这一领域的称谓——酒店信息化、酒店智能化、酒店自动化、酒店计算机系统、酒店弱电系统等，不一而足。与此同时，由于酒店业态丰富、部门众多，导致不同酒店、酒店的不同部门对酒店信息化的理解也有不同。在这样的背景下，统一思想、明确称谓、理顺内涵，就成为酒店信息化发展的当务之急。

国际上，Michael L. Kasavana 先生和 John J. Cahill 先生是酒店信息化领域的先驱，他们合著的书既是多所国外酒店管理学院的教材，也是美国饭店协会（AH&LA）的培训材料，书名的变化也反映了酒店信息化领域的动态。1997 年他们合著的书第三版名为 Hospitality Industry Computer Systems（饭店业计算机系统，2002 年 4 月由中国旅游出版社出版，译者为浙江大学王宏星先生）。2003 年，从该书第四版起，书名变更为 Managing Technology in the Hospitality Industry（酒店业管理技术），而这一书名在 2007 年 12 月的第五版和 2011 年 3 月的第六版中一直沿用。可以看出，国际上对酒店信息化领域的认识也从“纯计算机”领域逐步向“酒店管理”领域发展，“运用信息化手段，提高酒店管理水平”已经成为同仁们的共识。

信息时代的发展趋势向酒店管理人提出了新的挑战，即若想运用信息技术，解决管理问题，就必须具备信息思维、依托信息产品、掌握信息技术、运用信息手段。针对这一情况，酝酿一本适合中国酒店管理行业的 Managing Technology in the Hospitality Industry（酒店业管理技术）的书籍，成为我们的目标。关于书的名字，一直以来校内教材使用了《酒店信息化的管理》的书名，但这一书名会让许多读者误认为酒店信息化管理就是酒店信息部的管理，就好像客房管理等同于客房部的管理、餐饮管理等同于餐饮部的管理，所以特意将此书命名为《信息化的酒店管理》，突出主旨，意在说明：信息化带给酒店的是整体的变革，覆盖了酒店各个部门，本书希望讨论所有部门的信息化。在本书所涉及的业态方面，Michael L. Kasavana 先生和 John J. Cahill 先生的书问世之时，酒店集团化已经是欧美酒店业的主要趋势，但该趋势在国内酒店业尚在孕育，单体酒店仍然是国内酒店业的主要业态，所以本书的主要观察对象放在每一间酒店内部，对酒店集团的内部信息化管控、集团预订平台等内容较少涉及。

本书主要面向的对象是酒店管理从业者，酒店管理专业高年级学生和研究生，希望能够在“信息时代的酒店管理”这一主题上大家共同来讨论。虽然此书也能够给酒店 IT 专业人员起到一些借鉴作用,但由于作者精力有限,加之本书篇幅所限,因此本书并不包含许多技术领域的话题,比如:

- 综合布线与网络技术
- 网络维护与负载均衡
- 有线电视与卫星电视
- 监控与安防
- 消防与背景音乐
- 硬件设备的选购与软件的选型

最后,由于酒店信息化领域宽广,尽管历经多年的教学与科研,但本书内容依然有许多不完善之处,在此也恳请行业同仁和教育同行不吝赐教。

穆林
于酒店信息化研究与应用中心
2013.5

目　录

第一章　酒店业的信息技术

每个行业都要收集、存储和分析与业务相关的数据。数据是一些事实和数字，用来被处理成有用的信息，而依托内部和外部信息进行管理和决策是企业管理现代化的重要标志。在信息时代，运用信息系统将使企业管理更容易达成目标。

计算机是能够处理大量数据的管理工具，比其他任何工具更快、更准确、成本更低。它不仅能够进行加减乘除等数学运算，还能进行逻辑运算，如排序、分类汇总等。除此之外，计算机还能存储、传输海量信息。信息系统是一个由人、计算机及其他外围设备等组成的能进行信息的收集、传递、存贮、加工、维护和使用的系统。在信息系统的帮助下，管理者可以将更多的精力从事务性工作中解脱出来，实施过程管理和科学决策。

信息系统简化了收集、存储和分析数据的流程，并且拓展了信息的组织和传播方法，推动了流程变革和企业再造，同时，信息系统大大加速了决策者利用有用信息的过程。

一个管理者需要掌握什么样的知识结构才可以运用信息系统来提高管理水平呢?

回答是:这大体上相当于一个驾驶员学开车所需要学会的知识结构。

驾驶员并不一定要掌握内燃机的机械原理才去开车。他要学习和掌握的知识与技能包括如何发动汽车，如何踩油门、踩刹车等，而不需要去学习火花塞、气缸、活塞泵和变速箱等汽车修理知识。当然我们也同意，如果驾驶员了解汽车机械知识并掌握一些基本的汽车维护技能，他的车将运营得更好也更得心应手。

但另一方面，为了提高驾驶水平，驾驶员却需要更多的“非机械”知识，如道路情况、交通规则等，良好的机械技术并不能指引你走向正确的方向，走错道路、违章驾驶带来的时间和经济成本往往难以估量。

同样地，要把信息化作为提高企业运作水平的高效手段，管理者不一定要学会复杂的计算机程序设计、计算机网络技术，反而管理者对企业流程的完整掌握、对信息化精髓的深刻理解，会成为企业信息化成败的关键。当然，对于信息时代的企业管理者，学会一些“信息系统行话”的目的并不是为了讨好信息部门的人员或者是赶时髦，而是为了切实地提高管理能力。因为收入与利润、客户满意度与员工满意度、集团贡献是企业信息化的核心诉求。

在过去的几十年间，科技是酒店业能够增强专业性、提高生产力的主要原因。

从内部看,计算机和信息系统改变了酒店、餐馆的计划、协调、评价和控制运营的方式;从外部看,信息系统和互联网改变了酒店集团、酒店预订代理商和酒店的商业模式。酒店信息化的最新进展显著地改变了酒店业的商业模式,乃至前台和后台的工作程序,酒店管理者不再依赖古老的房态控制架和钥匙柜。从潜在客户接触、开始预订,直到客户结清账目,酒店管理系统可以监控、记录和引导顾客和酒店之间的业务往来。

酒店业对信息系统的依赖性正在持续加强。事实上,几乎酒店业务的所有方面都要用到或者说"可以用到"信息系统。本章将带读者从整体上了解酒店企业有哪些信息系统的需求以及信息系统如何满足这些信息需要。简而言之,我们想分析一下"信息化在酒店可以干什么"。

第一节　酒店管理系统

基于计算机的业务管理信息系统被称为酒店管理系统(property management system,PMS),又被翻译为物业管理系统、前台管理系统。尽管各个 PMS 的构成有所区别,但术语"PMS"通常被用来描述一套与前台和后台业务直接相关的信息系统,主要覆盖酒店的日常业务。PMS 是酒店业最早运用的系统之一,借此实现了酒店主要业务的信息化,包括预订、接待、收银和客房的管理,但 PMS 并不是酒店业最早使用的信息技术,酒店业最早使用信息技术的领域是电话预订,1958 年,喜来登第一个实现自动电子预订系统并提供免费预订电话号码。PMS 最早诞生于 1969 年,美国加州电子工程公司(Electronic Engineering CO.,EECO)所属的 ECI 子公司开发了世界上最早的酒店管理系统,实现了酒店内部业务的信息化管理,该软件也称 ECI 系统或 EECO 系统,1970 年最早安装于夏威夷 WAIKIKI 的喜来登饭店(SHERATON HOTEL)。

PMS 的应用推动了酒店管理模式和酒店管理流程的变革,许多新的部门被设立的同时,许多能够精简的部门也都进行了合并,如:

(1)夜审的逐步简化,夜审人员由财务部转移到前厅部,酒店审计逐步从事前审核更多地转变为事后审核。

(2)预订部的从无到有,最初从属于前厅部,逐步转移到市场营销部,又出现了转移至收益管理部门的趋势。

(3)前厅部接待与收银的合并。

一、PMS 功能综述

PMS 是酒店信息系统最重要的组成部分,可以概括为五大功能:客户(资料)管理、客房管理、账务管理、业务管理(包括预订、入住、在住、离店等)和接口管理,这五大功能涵盖了酒店的主要业务(图 1-1)。

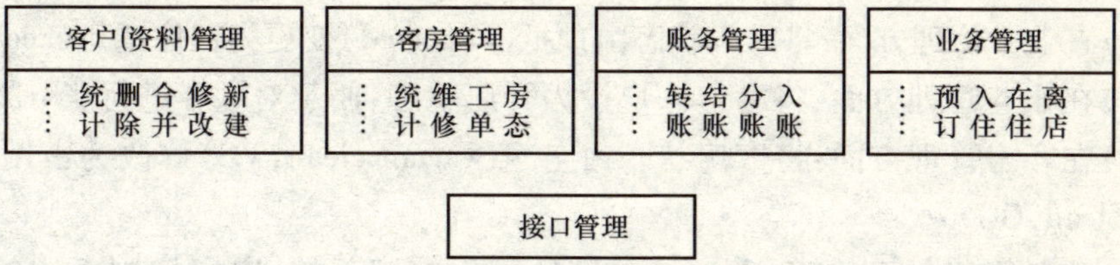

图 1－1　PMS 五大功能涵盖了酒店的主要业务

二、客户(资料)管理

从功能上来看,客户管理就是把顾客的信息记录在客户资料(Profile,在某些 PMS 中又被称为客史资料,在本书中一律称为客户资料,以下同)中,其本质是完成客户在信息系统中的映射:个人客户资料,是酒店客人在 PMS 中的映射;非个人客户资料,是酒店协议单位(公司、旅行社、预订代理、团队等)在 PMS 中的映射。客户资料是整个 PMS 系统运行的基础,预订操作、入住操作、收银与账户操作全部要以客户为对象,同时,客户资料也用来记录客人信息,让酒店可以打造个性化服务,提高酒店服务质量。除了用于内部管理,PMS 中的客户(资料)管理功能也成为酒店会员管理的基础。从本质上讲,会员管理就是增加了积分、优惠、奖励、会员级别等功能的“动态”的客户资料,其目的是为了更好地识别、分类和分析顾客,进而支撑酒店的营销和服务。

客户管理的关键在于精确地记录顾客的消费历史、预期业务、兴趣与喜好等信息,而高质量的员工、完善的培训体系是完成这一工作的重要保障。客户信息除了作为提高服务质量的依据,还能为企业决策提供支持。

三、业务管理模块

业务管理(预订、入住、在店、离店)就是处理酒店对客服务流程,是酒店与客人之间的主要操作。其中预订模块使酒店可以迅速地处理客人预订,生成预订号码并打印或发送预订确认函(Confirmation),并及时准确地生成关于预订、客房、收入和预测的报表。预订信息既可以由酒店预订员直接录入,也可以由外部预订信息导入,而外部预订信息有可能是酒店或者集团预订网站,也有可能是第三方的预订代理商或者其他合作伙伴。在预订完成后,酒店内部的预订记录、客房存量信息、预测等信息自动更新。除此之外,预订信息会在客人入住时自动转换为入住信息,并且生成一个预抵客人(Arrivals)名单。

入住操作在客人办理入住手续时使用,完成收取客人入住押金、房间分配、房卡制作等操作,从实质上看,PMS 五大模块配合完成顾客的入住操作:

(1)在客户管理方面:将顾客本次业务设定为“执行”,准备计入顾客历史营业收入。

(2)在业务管理方面:将客人状态由预抵(Expected)变更为在住(Checked In)。

(3)在账务管理方面:将客户账户设为开启状态,便于对顾客进行账务操作。

(4)在客房管理方面:将客房状态由空净(vacant clean,VC)修改为占用净(occupied clean,OC)①。

(5)接口管理方面:PMS通过接口模块操作门锁系统、客房控制系统等,完成为客人制作房卡、启动客房控制系统等功能。

入住操作一旦完成,顾客变更为在店(In house)状态,PMS五大模块配合完成以下功能:

(1)在客户管理方面:将顾客本次业务设定为“执行”,计入顾客历史营业收入。

(2)在业务管理方面:将顾客状态由预抵(Expected)变更为在住(Checked In),在预期离店日期,状态变更为预期离店(Due Out)。

(3)在账务管理方面:将客户账户保持开启状态,便于对顾客进行账务操作,保持账户监控状态,当账户超过额度限制(High Balance)时,拒绝挂账操作,提醒顾客补缴押金或增加预授权金额。

(4)在客房管理方面:在每次夜审(Night Audit)期间,将所有占用房由占用净(occupied clean,OC)修改为占用脏(occupied dirty,OD),当客房客人当天离店时,客房状态由占用(Occupied)变更为预离(Due Out)。

(5)接口管理方面:PMS通过接口模块与电视系统、客房控制系统、电话交换机等进行数据交换,完成提高服务质量、电话计费、电话权限变更等功能。

顾客的离店操作分为两类,正常离店(Check Out)和提前离店(Early Departure),PMS五大模块配合完成以下功能:

(1)在客户管理方面:将顾客本次业务设定为“关闭”,待夜审后计入顾客历史营业收入。

(2)在业务管理方面:如果顾客状态为预期离店(Due Out),则使用正常离店(Check Out)操作将顾客状态变更为离店(Checked Out);如果顾客状态为在住(Checked In),应使用提前离店(Early Departure)操作将顾客状态变更为离店(Checked Out)。

(3)在账务管理方面:将顾客账户余额结算,顾客可以选择现金结算、支票结算、信用卡结算和计入应收账户(City Ledger)等,PMS将信用卡结算当作特殊的应收账款来处理,信用卡和应收账款转入应收账款管理(account receivable,AR)模块进行处理。

---

① 注:当入住客人为拼房(Share)操作时,第一位客人入住时修改房态,后续客人入住时不修改房态。

（4）在客房管理方面：将占用房由占用（包括占用净和占用脏）或者预离修改为空闲脏（vacant dirty，VD）。

（5）接口管理方面：PMS 通过接口关闭长途电话、修改客房控制系统状态、注销房卡等，完成对客服务流程。

四、客房管理模块

客房管理模块实时更新客房的最新房态，协助接待员在客人入住时分配客房，并协调许多客户服务工作。在客人入住时，房态被设置为 OC（Occupied Clean），在夜审之后，所有在住客房（Occupied）状态由净（Clean）变更为脏（Dirty），在客房服务员清洁并检查完毕后，需要将客房状态修改为净（Clean），其中空净（VC）客房继续销售。同时，客房管理模块还包括客房维修等状态的设置和管理。此外，客房管理模块还可以进行自动的工作量分配和客房工作任务单（Task Sheet）生成，客房工作量分配主要依据以下重要信息：

（1）每间客房不同服务工作量的正确设定（住客房清洁、走客房清洁、小清扫、收洗衣）。

（2）划分依据（客房区域结构等）。

（3）每位客房服务员可以承担的工作量。

五、顾客账务模块

顾客账务模块运用信息系统来实现对客人账务的管理，并极大地改变了传统的客户账务管理方式。客人账务维护的信息化使得原有的账单卡、分类账单、过账机制得以简化，计算机控制着顾客的信用额度，并提供多种灵活的支付方式（Payment Method），当客人消费发生时，系统自动检测消费金额是否超过客人信用额度，超过信用额度的抛账（Posting）操作将无法完成，而通过审核的抛账操作计入客人账户。结账时，账单余额自动传送到客人账户。而每日夜深时，系统自动将每笔收入汇总并计入酒店收入，图 1－2 展示了古老的酒店账本，图 1－3 展示了现代的信息系统记录的客人账户。

六、接口管理模块

随着酒店业信息化的进程，酒店用到的各种设备越来越多。接口管理模块是 PMS 对外围设备进行控制的部分（图 1－4）。是否具备接口是 PMS 是否先进的关键技术指标，支持接口的数量也代表了 PMS 的主要性能，目前主流 PMS 系统，普遍可以支持电话交换机、电子门锁、信用卡设备、POS 收银设备等外围设备。尽管可以连接在 PMS 上的设备种类和数量不断增加，使用最普遍的还是以下的几类。

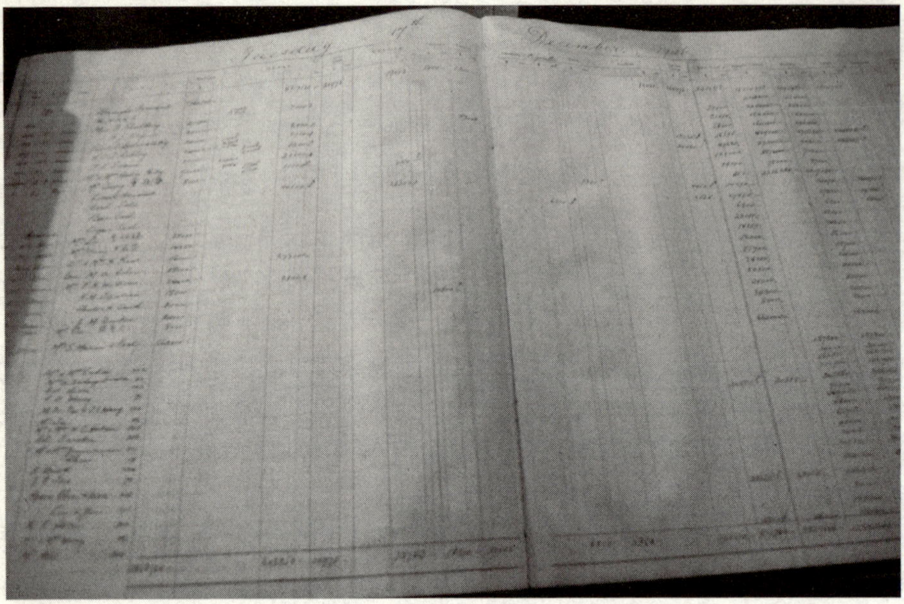

图 1－2　传统酒店账务处理,记账、统计、报表制作完全靠人工完成——天津利顺德大酒店账本,1946 年

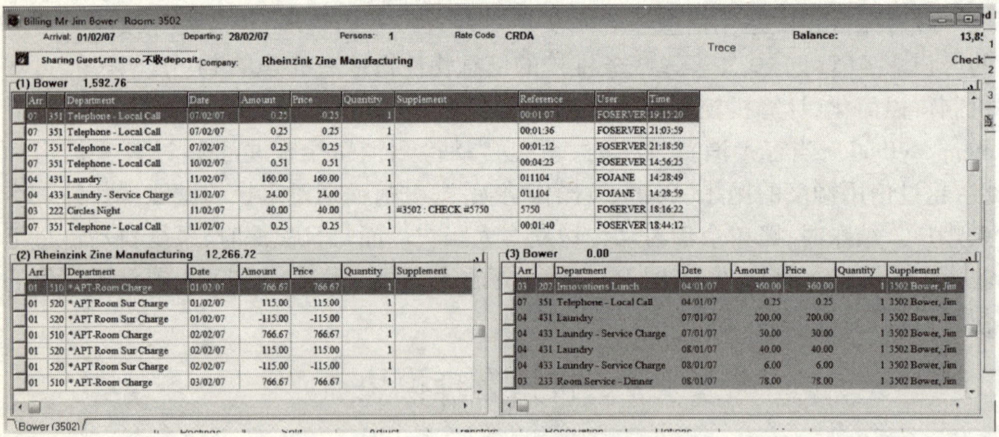

图 1－3　现代信息系统中的客人账户处理均自动完成——Fidelio 系统

1. 预订系统接口

预订系统接口是将预订系统(包括酒店官方网站、第三方预订平台等)与 PMS 系统自动对接,预订系统的信息在满足预设条件的前提下,可以直接进入 PMS 系统完成预订,从而实现预订的无人化。

2. POS[1] 系统接口

销售终端是在酒店营业点输入客户消费数据并将之传送到 PMS 的顾客账务模块(图 1 -4),餐饮部是 POS 系统最常用到的部门,但 POS 系统也可以运用在其他部门,如客房送餐部、康乐部等。POS 自动沟通前台和后台的能力一方面简化了日常经营操作,同时也给管理带来了许多好处。从全球来看,目前美国 MICROS 公司的 Micros 系统和香港现化公司的 Infrasys 系统是酒店业使用最为广泛的 POS 系统。

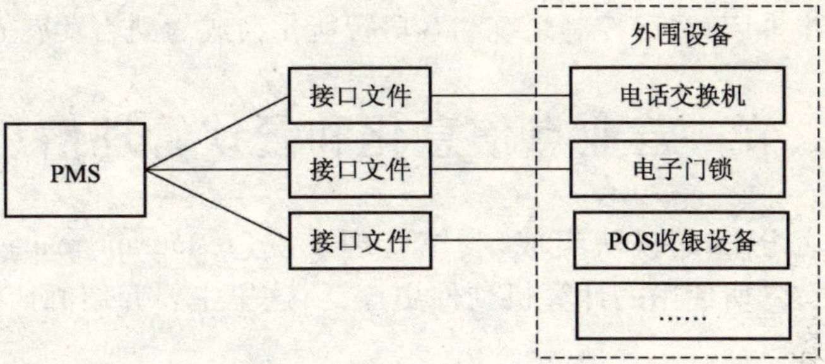

图 1 -4 通过接口管理实现对外围设备的控制

3. 电话计费接口

电话计费接口(call accounting system,CAS)是酒店管理软件与程控电话交换机(private branch exchange,PBX)之间的软件模块,它的出现推动了酒店的电话领域的巨大发展。电话计费系统能够给所有的外线电话定级、定价,电话计费接口与顾客账务模块连接,电话费发生后及时转入客人账单。这样的技术使电话部门,从一个曾经逃账频繁的部门变成了一个潜在的利润点。近年来,随着移动电话(Mobile Phone)的普及,客房电话的使用率又出现了下降的趋势,但作为酒店内部的通信工具依然不可或缺,"客房电话无线化"逐步出现端倪。

4. 电子门锁系统

电子门锁已经成为现代酒店的标准配备,通常门锁系统都与 PMS 相连,这样就使管理者能够严格掌握钥匙的分配与制作,并可以对进入记录进行跟踪和分析。通过数字加密技术,电子门锁使得客人配钥匙的隐患被完全杜绝,而管理人员和客房服务员也可以使用管理卡、楼层卡等功能卡来更方便地进行日常管理和维护。

5. 客房控制系统

出于提高顾客舒适度、降低能耗的目的,酒店管理系统可以与酒店空调系统连

① POS:需要指出的是,由于中文翻译将 POS 翻译为收银机,许多酒店人认为餐饮管理系统就是"点菜机",是将客人消费计入 PMS 的简单系统,这样的理解大大缩小了餐饮管理系统的真正功能,将 POS 翻译为"销售节点"或者"营业点"更加符合其真实功能。

接，对客房能耗进行控制，如在冬天将客房的温度维持在15.6℃，当客人登记入住后，能源控制系统自动将客房温度调整为更舒适的21.1℃。最新的发展趋势是客房控制系统，它将客房的客人去留判断、门窗开关控制、客房灯光、空调等内容进行集中控制，起到进一步提高顾客舒适度、降低能耗的作用，而且还能够有效提高系统后期的可扩展性和可维护性，如当客人打开窗户30秒后，客房的空调系统会自动关闭，以起到节能降耗的作用；当客人的叫早服务（Morning Call）响起时，客房的窗帘会缓缓拉开。在许多国际品牌酒店中，客房控制系统已经被普遍使用，而国内酒店对它的认识和使用率依然有待提高。随着IPV6技术、物联网技术和移动互联网技术的进一步推广，客房控制系统和客房智能化会成为酒店发展的重要领域。

第二节　营业点信息化和餐饮管理信息化

相对于酒店PMS的模块组成，餐馆管理系统（restaurant management system，RMS）的种类更多，所使用的计算机硬件更广泛，这里主要介绍酒店餐饮部门的管理系统。

餐饮管理系统通过各种终端设备（普通计算机、触摸屏、掌上电脑）以及更先进的iPad来获取客人的用餐信息，将其中的菜品信息传递至厨房，收入信息传递至收银，在客人结账后，如客人选择挂账或者计入应收，则通过POS接口将费用传至PMS系统的顾客账务模块或者应收账款模块，并将客人的喜好信息等传至PMS系统的客户资料管理模块。

在记录每笔业务的同时，餐饮管理系统对餐厅经营情况从多个角度进行分析，如它提供了以下信息供管理者分析：

（1）菜品信息：每一道菜品、酒水的基本信息，出菜信息等。

（2）销售信息：菜品被点的次数、收入和利润等。

（3）配方与原料信息：根据点单信息，提供各种原材料的使用数据。

（4）生产力分析：根据不同服务员的点单信息，分析每位服务员的点单速度、效率以及他所产生的收入和利润等。

第三节　市场营销信息化

酒店市场营销部的职员和餐饮部的经理每天都花费大量时间来处理通过预测、销售、记录和报表收集到的各种信息。在许多饭店，大多数这类耗费相当时间和代价的工作已经可以通过科技手段完成了。

在信息化程度很高的市场营销部里，每个拥有计算机的预订员和销售员都能够及时获得客房控制信息——预订信息和取消信息。预订在发生的同时被实时处理，这一功能确保每个预订员和销售员获得的信息是一致的，因此那些“临时的”

预订就能够被清楚地区分以防止出错。同样，销售信息系统可以生成各种报表，以提供关于财务、预订、细分市场、取消业务和重要的营销数据的信息，这都大大地降低了市场营销部人员的工作量。

收益管理（Revenue Management 或者 Yield Management），有时也被称为“收入管理”，是一套需求预测技术，用于决定开房率是否需要调整（升高或降低）以及某个预订请求应该接受或者拒绝。收益管理的根本目的是使酒店利润（Profit）最大化，应用的领域主要是客房，由于利润的计算过程非常复杂，而客房的毛利润非常高，所以通过收入最大化来近似地得到利润最大化是一个简单的变通方法。

有许多可以用于执行收益管理策略的方案，尽管收益管理中的单个数值都可以通过手工计算获得，但这会非常难而且耗费大量时间。最有效的处理数据和生成收益统计数字的方法是使用信息系统。复杂的收益管理软件能够结合客房需求、客房价格和渠道管理等统计数据，设计出能够产生最高利润的产品组合。但需要注意的是，收益管理是酒店信息化的“高级部分”，收益管理所需的历史数据积累、产品预测模型等前提条件，对酒店信息化程度提出了很高的要求，这也是国际品牌酒店中收益管理大行其道，而在许多中小酒店收益管理难以见效的原因之一，“信息化的基本功”成为真正实施收益管理的重要门槛。

宴会软件（Catering Software）监控着与宴会服务每个阶段有关的活动。多数通过宴会软件建立的文件所执行的功能与餐饮管理软件很相似。除了关于食品和酒水饮料的数据，宴会软件还涵盖了一些非食品的项目，如员工、服务器具、制作设备、租赁设备、场地等。宴会软件的功能越全面，宴会组织者就越能有效地组织大型宴会活动、外卖活动。

第四节　财务管理信息化

在财务管理方面，主要包括应收账款模块、应付账款模块、薪资管理模块、采购与库存模块、固定资产和总账模块。其中的总账模块、应付账款模块和薪资管理模块通常由专业的财务软件提供（Infor FMS SunSystemsv4 是许多外资酒店所用的系统，国内酒店最常使用的是金蝶和用友系统）；应收账款模块由 PMS 的应收账款模块生成数据，财务管理软件来控制账期和收款时间等；采购与库存模块的实现则有两种方式：

（1）使用专业的酒店管理采购库存系统，如 MICROS 公司的 MC（Material Control）系统和石基公司的 PICC（Purchasing Inventory Cost Control System）。

（2）使用财务软件所附带的采购与库存系统，如金蝶、用友所附带的采购库存模块。

一、应收账款模块

应收账款模块监控着顾客账目的余额,收费账目是顾客确认的为购买酒店提供的产品和服务所支付的金额的总和。收费账目金额可以直接从酒店管理软件PMS 转入,或是通过手工方式转入财务软件。

二、应付账款模块

应付账款模块跟踪着酒店的财务状况。支付活动通常由过账供应商发票、确认费用总额以及打印付款支票组成。应付账款模块维护的三个主要文件是:

(1)供应商主控文件。

(2)发票登记文件。

(3)支票登记文件。

三、薪资管理模块

在财务管理系统中,薪资管理模块主要处理员工的出勤时间、不同员工的福利、个人所得税、代扣税金以及准备薪资报表等,是财务系统的重要组成部分。同时,由于员工薪资计算的许多依据需要人力资源部门提供,所以薪资管理模块需要与人力资源管理软件配合使用。

四、采购与库存管理模块

尽管采购和库存是不同的操作,但由于两者关系紧密,所以通常使用同一软件来实施管理。采购管理模块对采购、订购、收货活动进行控制,通过从库存管理模块传送来的最小/最大库存量等数据,根据使用量、到货时间等因素,建立一个订购点并生成订单。

库存管理模块可以把几种内部控制和账务功能自动化。除了对库存状态、库存变化和库存价值的跟踪,库存管理还对酒店物品的领用、发放等信息进行管理,最终支持酒店成本核算。

五、总账模块

总账模块主要用于跟踪收入、支付以及现金情况并调整账目。除此之外,多数总账模块都可以从前台和后台模块中获取各种数据并生成财务报表,包括资产负债表、损益表和现金流量表等。

第五节 人力资源管理信息化

网络招聘已经成为酒店业招聘的重要形式,它具有时效长、范围广、针对性强等特点，在酒店员工招聘，尤其是中基层员工招聘方面发挥着巨大的作用。招聘前的网络测试、网络面试、网络培训等越来越被酒店企业所重视，成为酒店人力资源管理的重要工具。

人力资源管理系统主要具备员工人事管理、工资计算、员工一卡通管理等功能。人事管理整理员工基本资料、员工休假、岗位设定等。工资计算则根据工资基数、国家税收、员工出勤与加班信息等，自动计算员工薪金并生成工资报表，人力资源管理系统能够进行多维度的查询和统计。员工一卡通就是在同一张卡上实现多种不同功能的智能管理，一卡通除了能够带来便利，更重要的在于实现从员工管理数据的生成、采集、传输到汇总分析的信息资源管理的规范化和自动化，在酒店业使用非常广泛，可以整合包括员工卡管理、员工考勤、员工餐管理、门禁管理等功能，还有的酒店员工一卡通结合了工装管理、员工浴室管理等，通过员工一卡通的使用，酒店可以更方便地计算员工考勤、核算员工餐等，提高了管理效率。

第六节　楼宇自控、工程管理与能源管理信息化

严格意义上讲，楼宇自控(BAS)系统并非酒店专用，而是建筑技术与计算机信息技术相结合的产物，是指自动控制建筑物内的机电设备。通过软件，系统地管理相互关联的设备，发挥设备的整体优势和潜力，提高设备利用率，优化设备的运行状态和时间(但并不影响设备的工效)，从而可延长设备的服役寿命，降低能源消耗，减低维护人员的劳动强度和工时数量。随着酒店管理软件、客房控制系统的进一步发展，这些系统与楼宇自控系统逐步结合，形成了更广泛的融合趋势。

工程管理主要由三大模块组成，分别是基础信息、设备维修、能源管理。其中基础信息记录酒店工程设备设施的各种信息，包括设备基本信息、安装信息、使用信息、维护信息等；设备维修主要用于工程维修的任务接收、分配、控制及耗材管理等，实现了工程部流程的信息化；能源管理主要用于酒店对整个酒店及各个部门的水电油煤等能耗的记录、分析等，目标在于实现酒店能耗的管理和控制。

总之，信息化可以用在酒店的各个领域，既可以改善顾客体验，也能够控制采购成本；既可以提高员工满意度，又能够降低能耗支出，甚至可以用来提升员工士气和凝聚企业精神、彰显企业文化，酒店信息化包含了非常广泛的领域，酒店选择信息化的关键不在于技术，而在于依托信息化。构建和完善酒店的商业模式和工作流程，其最终目的是服务于顾客、酒店和员工。信息化战略应当是酒店整体战略的一个组成部分，应当在酒店整体战略的指引下制定和实施，而实施信息化的目的，必然是为了酒店总体战略目标的实现，而不是单纯为了技术的先进性。在中国酒店业发展的道路上，运用信息化手段成为重要的突破领域。

【案例】

激发个人潜能，凝聚企业精神

——信息化助力银座佳驿酒店“五一”会战纪实

背景资料

银座佳驿连锁酒店，创立于2007年，是大型国有商业企业鲁商集团的旗下品牌，成立六年来已经拥有门店150家，位列中国经济型饭店十强。

“五一会战”：“五一”小长假是各酒店争夺客源的重要时间，2013年“五一”节，银座佳驿为了紧抓市场机遇，创新利用“微信”这一信息化平台，将其改造为管理工具，在佳驿公司总经理殷春阳的精心策划、指挥、调度与激励下每一个佳驿人都奋进激昂，打响了“争创业绩新纪录，拼搏店店都满房，展现佳驿新精神”的“五一会战”，缔造并展现出了“比、学、赶、帮、超”的“4·29精神”。

在“五一”会战之前，银座佳驿连锁酒店单日营收的峰值出现在公司的2013年上一个销售旺季，2013年“五一”期间，银座佳驿打响了一场“破纪录，争满房”的营销会战，在会战中，涌现出了大量员工突破极限，提高酒店经营水平的事迹，展现出了拼搏的企业文化，而信息化平台则成为本次会战的主要武器。

缘起

4月的月度经营分析会上，酒店总部提前布置了“五一”市场活动。同时，畅通的通信是企业保持活力的关键，银座佳驿酒店在2013年4月下旬刚刚建立微信群，将该群分为三个层级：

- 总部管理层(1个)：总经理、副总经理、运营总监、市场营销总监等大运营口各部门总监、各区域总经理
- 区域管理层(每个区域1个，共9个)：区域总经理、每个门店店长、店长助理
- 门店层(每店1个)：店长、店长助理、门店员工

通过建立微信平台，公司总部的决策被层层转发，迅速传递到管理人员和基层员工，形成了一体化的快速信息渠道，在本次会战中，刚刚建立仅仅几天的微信群成为本次会战的重要通信保障与指挥调度即时互动工具。

4月27日14:00，公司市场营销部部长于庆的一条看似不经意的微信，引燃了“五一”会战的导火索：“各位同仁，一切纪录存在的价值就在于被打破！“五一”会战期间咱们要是把公司的营收纪录破了，5月月度会晚上我请大家敞开吃烤羊！”

4月27日14:05：集团副总经理、运营部部长王韬回复：“好啊好啊，酒我包了！”

4月27日14:10：集团总经理殷春阳：“好热闹啊，好啊，破了纪录我给大家发红包！”

经过

谁也没有料到，几条微信吹响了本次“五一”会战的冲锋号，指明了“五一”会战的奋斗目标。这些信息迅速通过微信，完成了分布在全国的150多家门店的信息传递，区域总经理、门店总经理、店长助理、每一位员工都迅速行动起来，投入“五一”会战之中，一条条微信、一张张图片迅速通过微信平台被转发和分享，不断地鼓舞员工的斗志，冲击新的目标，以下仅仅是一些片段：

- 28日20:47，文登店店长宋洋洋：“这条街都是酒店，我们在这里堵着呢，一个也不让他跑了！”
- 28日22:11，烟台南大街店长刘凡：“今天必须满房，不满房我不睡了！王总，您放心，绝不丢人！”
- 28日23:02，烟台环山店店助翟建楠：“已经早早在××××酒店门口埋伏好人了，坚决抢他没商量！我和我家王总在楼层抢房，已经做了6间，还剩5间。今天一定冲百，向满房冲刺！”
- 29日凌晨2:16，威海统一路店店助高亚伦：“威海统一路店满房了！我和李总把房间腾出来了，两个椅子并在一起睡办公室！”
- 29日凌晨2:18，威海统一路店店长李道礼：“没关系，全当锻炼腰腹肌了，呵呵……”

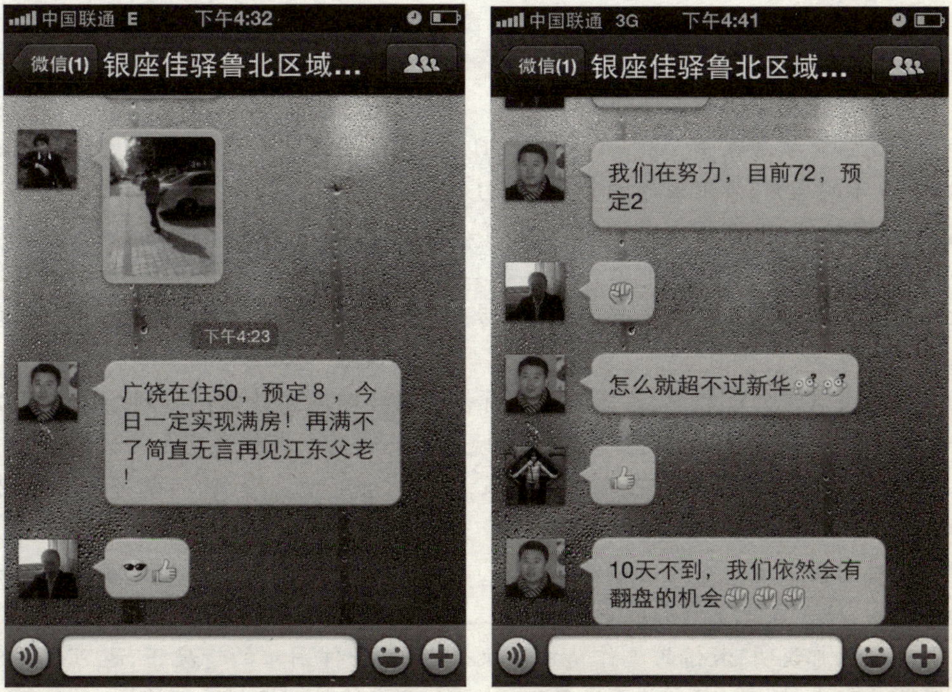

鲁北区域群各个门店分享图片，传递当时的销售信息

在微信平台的迅速传递下，佳驿的每一位员工，无论级别高低都加入到了“五一”会战之中，涌现出了无数激人奋进的事情，他们的精神被佳驿员工总结为“4·29精神”：

超越自我 以己之力夺天之时

4月29日，战役进入第二天，在整个济西战区节节胜利的氛围下，合肥巢湖路店信心满满，决意冲击满房。不料天公不作美，飘起了蒙蒙细雨。战区指战员萧阳看在眼里，急在心里，二话不说撑起伞就冲进雨里，耐心地向过往行人发放单页。没承想，客人由于下雨急于投宿，很快就成功拉房5间！这真是塞翁失马，焉知非福。

晚上8点，雨势渐大，行人急于避雨，无暇他顾，全店人员决定回店休整，等待战机。晚上10点，雨势渐弱，全员整装而发，寻找各大酒店门口散落的客源。在接近胜利的时刻，济西区总指挥指示将劣势天气转换为优势条件，雨天不易打车，可以帮客人打车并直接送至酒店。合肥店员工接到命令后，即刻出发，在附近展开地毯式搜索，成功截获三名入住宾客。同时指战员萧阳果断下达命令向合肥火车站进军，功夫不负有心人，在员工的不懈努力下，带着最后的胜利回到了酒店！

在回忆这次战斗时，门店人员感慨地说：市场之中挑战与机遇并存，唯有不断挑战自我，超越自我，才能以己之力，创造条件，变劣势为优势，取得最终的胜利！

——银座佳驿合肥巢湖路店 魏学瑞

激情工作 以机智创造机会

莱芜不是旅游城市，往往越到节假日，生意就越惨淡。莱芜龙潭大街店谨记“只有淡季的思想，没有淡季的市场”这句销售金律，他们相信只要满怀激情，抛开包袱，甩开膀子，发挥集体的智慧，一定可以打一场漂亮的战役。

“五一”期间，他们安排工作人员在其他酒店的停车场等待机会，看到有住宿意向的行人或车辆，马上截留，以这种方式“五一”期间从其他酒店获得十余间房客人。

在冲击满房的过程中，该店经理与前台值班经理还驾驶摩托车到距离市区10千米的莱芜北高速路口进行拦车发单。晚上10点，两个人特意穿上很像站上工作人员的外套，很容易就将过往车辆拦下来，并有机会亮明身份，询问是否需要住宿，为满房赢得了机会。

通过店内上下一齐开动脑筋想办法，莱芜龙潭大街店在节日期间客流量不大的情况下，硬是在三天的激战中，实现两天满房。全店上下都欣喜不已。

这一切都说明，激情的工作精神和执行力，在条件困难的情况下，也可以将淡季转化为旺季。一个富有激情的团队，一定也可以凭借激情创造辉煌！

——银座佳驿莱芜龙潭大街店总经理 董传宝

拒绝平庸 创造满房奇迹

“做门店一定要有业绩,碌碌无为就是对公司犯罪。”泰安岱庙店总经理辛丽一直将这句话作为自己经营门店的座右铭。在这次大战中,她用自己的实际行动充分证明了“事情做不好,不是没办法,而是没有用心想办法”。

4月28日晚上,辛丽在女儿无人照看的情况下,将女儿安排在员工宿舍休息,自己坚持在前台,争取每一位上门客人。

4月29日下午上门形势不容乐观,她就一直在酒店门口站着守候每一位上门的客人,陪同客人参观房间,为客人办理入住,连水都顾不上喝,凌晨又匆忙出去到客流量大的地方寻找客人,她每当看到外地车就赶紧跑过去,询问是否住宿,并宣传佳驿优势。

4月30日岱庙店在凌晨1:00左右就满房了,辛丽却没有停下来,而是去帮助兄弟门店青年路店,因为她说:“奋战‘五一’自己满房不行,我们要做好‘五一’推房接力赛,不能停止。”

5月1日,同行酒店都恢复了门市原价,辛丽又毅然申请将泰安岱庙店的门市价在原价的基础上再上调,这意味着完成满房更加艰辛,但为了利润的最大化,全体员工二话没说,开始加大马力,努力奋战。

由于怀着坚定不移的满房信念,加上全体员工的不懈努力,泰安岱庙店创造了从4月26日至5月4日连续九天的满房记录!

员工们回忆起这段经历,在兴奋的同时,也难以忘怀辛丽的女儿瑶瑶常常打电话来问:“妈妈满房了吗,还有几间啊?”正是这种全店总动员,全家总动员的干劲以及对自身的高标准、高要求,使得泰安岱庙店创造了九天满房的奇迹。

甘于奉献 以大局为重

此次“五一”会战,更涌现出了一大批甘于奉献、忘我工作、时刻以大局为重的优秀员工,他们的感人事迹在微信中广为流传,时刻激励着每一个佳驿人。为实现“五一”期间门店收益最大化,有将自己的房间让与顾客,自己在会议室里搭起“板凳”床,并誉为“板凳哥”的青岛平度店长蒋世峰;有为酒店提升收益让出自己房间的即墨小商品城店“地铺兄”——范江;有不顾危险,深夜独自拉四个东北男士到店入住,被称为“彪悍姐”的泰安青年路店店长朱华;有克服停供热水,保证顾客舒适居住的济南火车站店;有出手相助,帮助兄弟门店挽留客人的西市场店……

结果

运用微信这一信息化平台,在4·29精神的鼓舞下,银座佳驿人不断地创造销售的奇迹:4月29日,46%门店实现了满房,单天门店总收入超过历史最高纪录12.5%,一举创造了佳驿新的营收纪录;4月30日,45%门店实现满房。

东北区沈阳火车站店刘鹏飞驾驶私家车主动前往高速公路出口进行销售

为了满房，烟台环山路店多了两位小销售员——店长王伟妮的儿子和值班经理于迎春的女儿

合肥巢湖路店员工凌晨两点在雨中寻找客源

济南西市场店余美英用自家电瓶车在火车站接客人

对于酒店企业来讲，营业额固然重要，但通过“五一”会战所激发的员工潜能，所凝聚的企业精神，其价值早已超越了利润：

“4 月 29 日，注定要载入银座佳驿发展史的一天，注定要让所有参战勇士铭刻一生的一天。这一天，我们明白了什么叫天道酬勤，什么叫态度决定一切，什么叫激情创造辉煌；这一天，我们重新认识了自己，认识了我们身边的战友，认识了自己的团队；这一天，我们热血沸腾，抛弃了迷茫，抛弃了胆怯，抛弃了自私，我们只有一个目标：“满房”，为团队的荣誉而战；这一天，我们变得从未如此坚毅，我们变得从未如此信心爆棚，我们变得义无反顾，我们变得无坚不摧，我们变得攻无不克，没有谁能让我们停止前进的步伐；这一天，我们创造了佳驿的历史，我们刷新了所有的纪录，我们感动了天，感动了地，感动了我们自己；这一天，我们找到了成功，体会到了幸福，知道了人生价值；这一天，让我们相信可以改变自己，可以让自己如此优秀，如此富有价值！这一天，我们拥有了梦之队！这一天，属于光荣的佳驿人！感谢大家，感谢全体员工，我为有你们而幸福，特自豪！”

——银座佳驿酒店总经理“五一”会战期间微信　殷春阳

思考

信息化只是工具，它的价值和威力取决于它的使用者，运用信息化作为平台，银座佳驿迅速实现了营业额12.5%的增长，但增长的不仅仅是营业额，每一位员工的奋斗精神、店长的敬业奉献、公司高管的身先士卒，通过信息化的平台"实时、直观、无缝"地"推送"给了每一位企业员工，激发了每一位员工的拼搏精神，更展现出了积极向上的企业文化。

围绕信息化，银座佳驿实现了一次漂亮的营销战役，取得了良好的阶段效果，但企业的长期发展更需要顶层设计，在信息化的支撑下，进一步拓展营销网络、强化质量体系和完善人才机制，将对企业长期发展起到决定性的推动作用，也是银座佳驿酒店未来发展的重要方向，在本次会战中，信息化助力带来的利润是短暂的，但会战所展示的企业精神和凝聚的企业文化却将长存。

第二章　酒店管理系统

PMS 作为酒店业最早实现信息化的部分之一，是酒店信息系统最重要的组成部分。尽管目前可以看到的 PMS 很多，但 PMS 的核心功能可以概括为五大功能：客户(资料)管理、客房管理、业务管理(包括预订、入住、在住、离店等)、账务管理和接口管理，这五大功能可以看作是酒店核心资源在信息系统中的映射，功能之间的关系如图 2－1 所示。

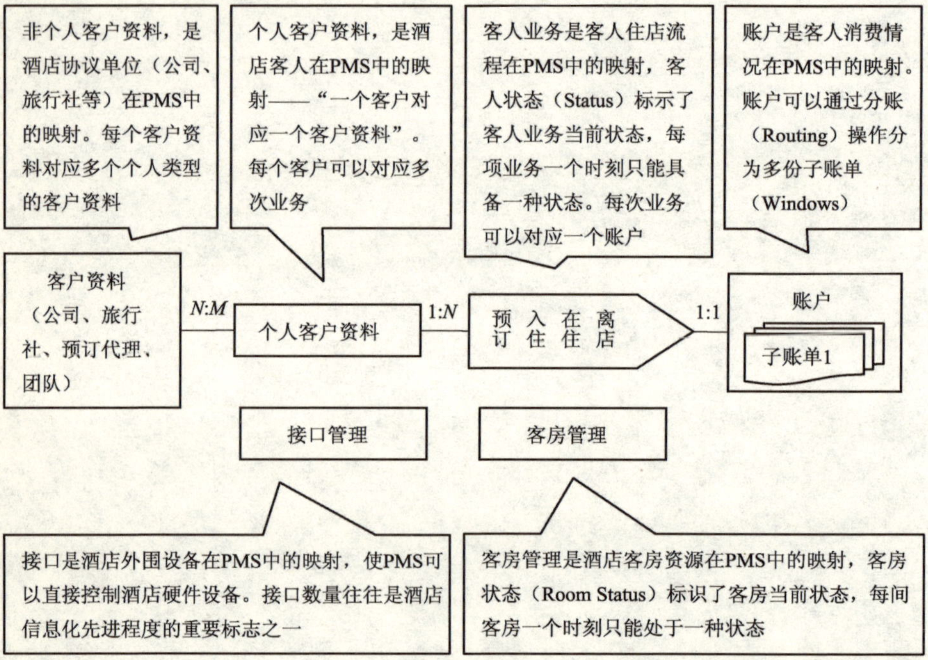

图 2－1　PMS 核心功能与酒店服务和管理关系描述

在 PMS 的发展过程中，1977 年成立的饭店业资讯系统有限公司开发的 HIS 系统，全盛时期全球拥有 4000 家用户，HIS 系统包含五大模块的功能(图 2－2)：

客户管理：B 项目客户信息(Guest History)，记录顾客消费信息、C 项目旅行社(Travel Agency)，记录旅行社业务信息。

客房管理：6 项目客房管理(Housekeeper)。

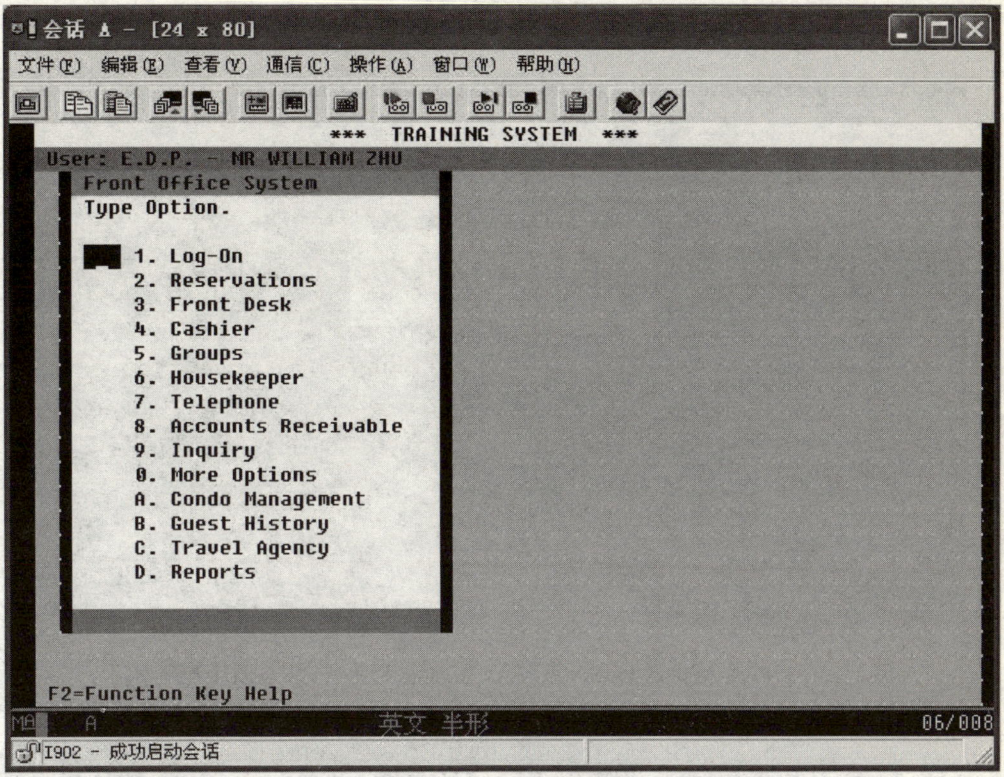

图 2－2 1977 年诞生的 HIS 系统主界面——上海城市酒店

业务管理:2 项目预订(Reservations)、3 项目前台(Front Desk)、5 项目团队操作(Groups)。

账务管理:4 项目收银功能(Cashier)、8 项目应收账款管理(Accounts Receivable);接口管理:7 项目显示了接口管理中的电话交换机管理(Telephone)。

美国 MICROS 公司的 Fidelio 系统和后续的 Opera 系统是目前国际上最流行的 PMS,是外资或外方管理的酒店采用最多的软件。尽管 Fidelio 取代了 HIS 系统成为世界第一的 PMS,但它们在功能上极为相似,包括了客户资料管理(Profiles)、业务管理(Reservation、Front Desk)、账务管理(Cashiering)、客房管理(Rooms Management)(图 2－3),同时,接口管理也是 Fidelio 系统具备的功能。

2000 年,MICROS 公司为应对酒店全球化和集团化的趋势,在 Fidelio 系统基础上开发了 Opera PMS 系统,Opera 对比 Fidelio 最大的改进在于对酒店集团化和网络化的应对,在最新的 Opera 5.0 版本中,Opera 已经成为包含 10 个模块的 Opera 企业解决方案(opera enterprise solutions,OES),提供了收益管理、渠道管理、分销管理、集团客户信息管理等功能(图 2－4),更适合信息时代和互联网时代集团化酒店的运作方式,但在基本功能方面 Opera PMS 系统对比 Fidelio 系统功能并无变化,依然沿用客户资料管理、业务管理、账务管理、客房管理和接口管理(图 2 - 5)。

图 2 - 3　1987 年诞生的 Fidelio 系统 V7 版本主界面——青岛酒店管理学院

图 2 - 4　Opera PMS 系统在基本功能上沿用 Fidelio PMS 的内容

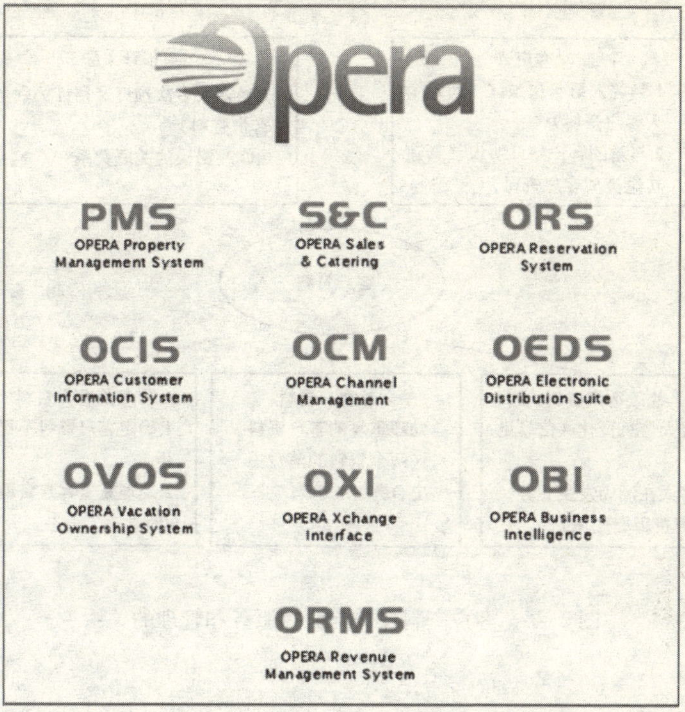

图 2－5 Opera 已经不限于 PMS 系统，而成为 Opera 企业解决方案（Opera Enterp Solution）

第一节 客户资料管理模块

客户资料管理模块维护酒店客人的信息，如：

（1）基本信息，如姓名（公司名）、地址、联系方式等。

（2）业务信息，如客人过往预订、历史消费金额等。

（3）消费偏好信息，如客人喜欢入住的房型房号、客人喜欢的朝向、餐饮信息等。

客户资料管理模块是 PMS 的基础。预订操作、入住操作、收银与账户操作均以客户资料作为对象，同时，客户资料也用来记录客人信息，让酒店可以打造个性化服务，提高酒店服务质量。客户资料与酒店服务与管理的关系如图 2－6 所示。

除了用于内部管理，PMS 中的客户资料功能也成为酒店会员管理的基础，从本质上讲，会员管理就是增加了积分、优惠、奖励、会员级别等功能的"动态"的客户资料。

公司类型的客户资料中记录了顾客的基本信息（图 2－7），每当顾客与酒店发生业务往来时，业务信息被记录在顾客资料中，交易历史不但记录了每一笔交易，也统计了每一位顾客的消费金额、客房价格、总收入等信息，对于酒店进一步开展销售活动提供了依据（图 2－8）。

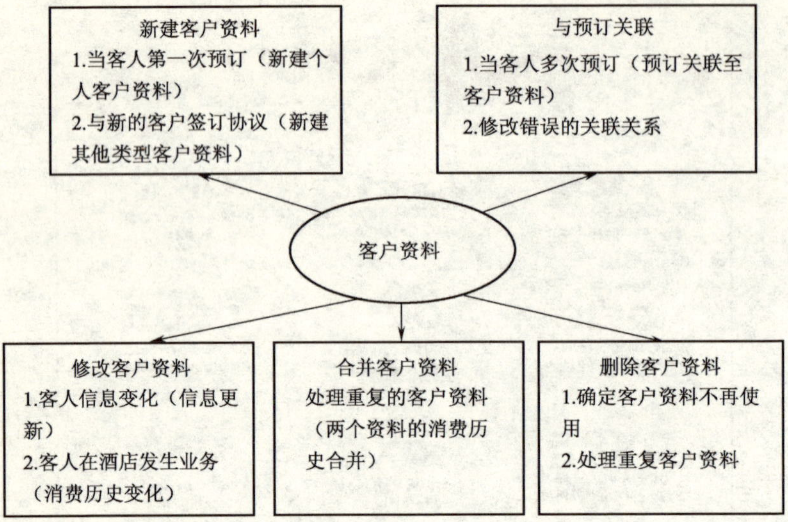

图 2－6　客户资料操作与酒店服务和管理的关系

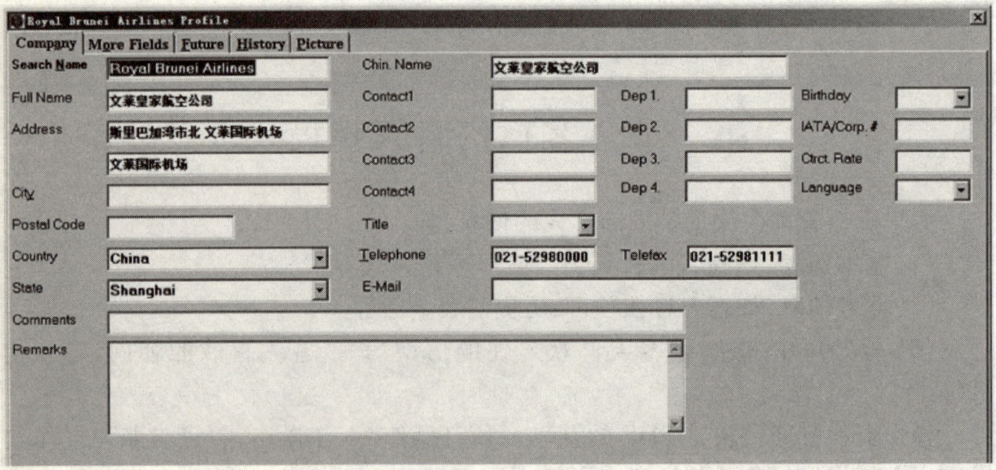

图 2－7　PMS 的客户（Profile）管理——顾客基本信息（Fidelio 系统）

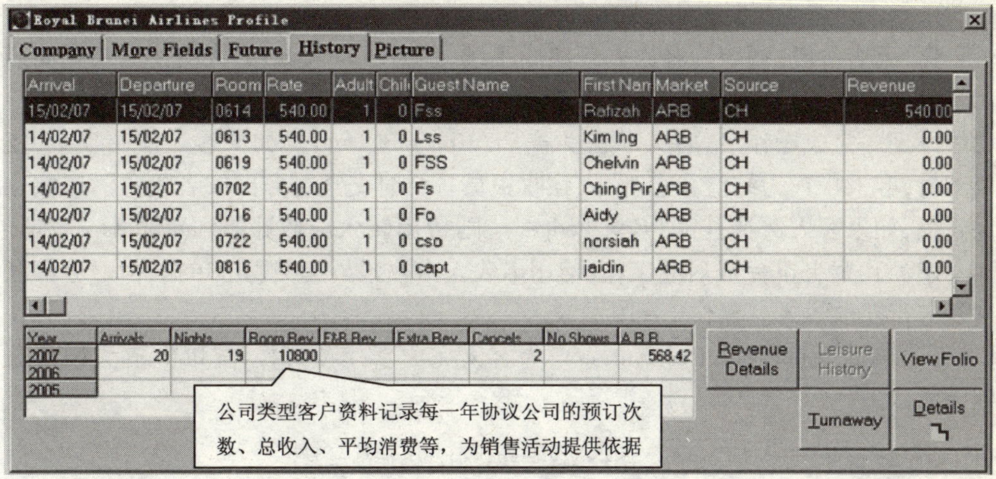

图 2－8　客户管理中也记录了客户的统计信息——（Fidelio PMS 系统）

第二节　业务管理模块

图 2－9 标示了酒店对客服务流程与客人状态之间的关系，图 2－9 中各个项目解释如下。

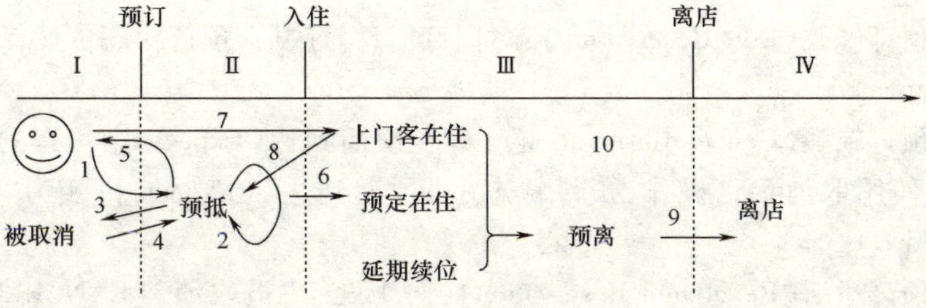

图 2－9　酒店对客服务流程与客人状态之间的关系

酒店根据顾客与酒店业务的进展，将整个业务分为四个阶段：

Ⅰ. 无业务阶段：客人尚未与酒店发生业务。

Ⅱ. 预订阶段：酒店为客人办理预订之后，客人初始状态为预期到达（预抵，Expected）。

Ⅲ. 在住阶段：酒店为客人办理入住手续，如果是预订客人入住，客人状态为预订在住（Checked In）；如果无预订客人入住，客人状态为上门客在住（Walk In），客人延长住店时间被称为延期续住（Extended）。到达客人预期离店日（即：离店日期 = 当前日期)，客人状态为预期离店(预离，Due Out)。

Ⅳ. 离店阶段：酒店为客人办理离店手续，预离(Due Out)客人应使用结账离店功能办理；在住(Checked In 或者 Walk In)客人应使用提前离店(Early Departure)功能办理。完成操作后，客人状态为离店(Checked Out)。如果客人使用现金、支票支付，客人账户为结清状态，收入在收银员日结时交至财务部或者投入酒店收银保险柜；如果客人选择挂账(City Ledger)，则费用转入应收账款(accounts receivable, AR)，由财务部完成后续工作，信用卡收入由收银员提交刷卡单据，由财务部联络发卡行获取收入。操作 1-10 含义：

(1)新建预订(New Reservation)：为客人完成新建预订操作，PMS 五大模块分别完成以下处理(表 2-1)。

表 2-1　　PMS 五大模块与新建预订操作的关系

功能模块	实施处理
客户管理模块	客户未来业务中记录顾客预订
业务管理模块	增加客户新预订，预订初始状态为"预期到达"
账务管理模块	为新预订开立账户，便于收取预订保证金和入账操作
客房管理模块	如果提前为客人分配房间，客人入住当日将客房状态修改为"预抵"
接口管理模块	预订网站接口获取预订信息，将信息直接输入 PMS 调用信用卡接口完成信用卡担保预订操作 调用 E-mail 接口发送预订确认函

(2)预订修改(Edit Reservation)：对预订信息修改后，预订状态依然保持"预期到达"(Expected)。

(3)预订取消(Cancel Reservation)：对于预期到达(Expected)状态的预订，预订员可以使用取消预订操作，预订状态由"预期到达"(Expected)变为"被取消"(CANCELED)。

(4)预订激活(Reactivate Reservation)：对于处于"被取消"(CANCELED)状态的预订，预订员可以使用预订激活操作，预订状态由"被取消"(CANCELED)回到"预期到达"(Expected)。

(5)预订删除(Delete Reservation)：对于误操作而产生的预订，预订员可以使用预订删除将其删除。删除预订与取消预订的区别在于：被取消的预订依然可以在系统中找到，该预订可以重新被激活，而被删除的预订则在系统中无法找到。

(6)预订客人入住(Check In)：入住操作完成后，客人状态由"预期到达"(Expected)变为"在住"(Checked In)。

(7)无预订客人入住(Walk In)：入住操作完成后，客人状态为"在住"(Walk In)。入住操作与 PMS 五大模块的关系如表 2-2 所示。

表 2－2　　PMS 五大模块与入住操作的关系

功能模块	实施处理
客户管理模块	如果顾客正常入住，客户信息中业务量增加；如顾客未入住，将顾客标记为“No Show”
业务管理模块	预订状态由“预订”（Expected、6PM[①]、Deposit 等）修改为“在住”（Checked In 或者 Walk In）
账务管理模块	将住店客人账户设为激活状态，便于收银和结账操作
客房管理模块	将客房状态由“空净”（Vacant Clean）修改为“在住净”（Occupied Clean）；夜审后，将所有在住客房由“清洁”（Clean）修改为“脏”（Dirty）；当客人成为预离（Due Out）状态时，将客房状态修改为“预离”（Due Out）
接口管理模块	调用信用卡接口完成信用卡预授权操作 调用门锁接口制作钥匙 调用电话交换机接口开启电话权限，进行电话计费、叫早服务等

（8）取消入住（Cancel Check In）：取消入住完成后，客人状态由“在住”（Checked In）变为“预期到达”（Expected），另外，无预订入住客人（Walk In）取消预订后，客人状态由“无预订入住”（Walk In）变为“预期到达”（Expected），也就是说：从状态上来看，取消入住操作会让无预订客人变得有预订。

（9）结账离店（Check Out）：是指客人在预订离店日期离店，也就是状态（Guest Status）为预离（Due Out）的客人的离店操作。操作完成后，系统将客人状态由预期离店（Due Out）修改为离店（Checked Out）。

（10）提前离店（Early Departure）：是指客人早于预订离店日期离店，也就是状态（Guest Status）为在住（Checked In）或者无预订入住（Walk In）的客人的离店操作。操作完成后，系统将客人状态由在住（Checked In 或 Walk In）修改为离店（Checked Out）。入住操作与 PMS 五大模块的关系如表 2－3 所示。

表 2－3　　PMS 五大模块与离店操作的关系

功能模块	实施处理
客户管理模块	夜审后，将顾客收入计入客户资料，完成对顾客的信息更新和数据统计，如入住天数、收入、餐饮收入等
业务管理模块	顾客业务状态由在住（Due Out、Checked In 或 Walk In）修改为离店（Checked Out）
账务管理模块	结清住店客人账户，将账户设为关闭状态，依据支付方式不同，分别计入酒店不同收入项目（现金、支票、应收账户、信用卡等）
客房管理模块	将客房状态由“在住”（Occupied）或者“预离”修改为“空”（Vacant）
接口管理模块	调用信用卡接口完成转账操作 调用门锁接口退还钥匙 调用电话交换机接口关闭电话权限，进行电话计费统计等

① 6PM，在 Opera 系统中，顾客状态为 6PM 表明客人为非担保预订，客房将被保留至下午 6 点。

第三节　客房管理模块

客房管理模块是 PMS 的重要功能,它的主要目的在于加强前厅部和客房部的信息沟通和相互协作,实现优质的对客服务,同时提高客房资源的使用效率和维护水平,多数客房管理模块具备以下功能:

(1)实时房态管理。

(2)客人入住时辅助分房。

(3)提供客房使用信息。

(4)组织客房清洁。

(5)提供辅助服务。

(6)生成各种管理报表。

客房管理模块将每个房间的状态展示给前台职员,前台职员只要输入房间号,就可以立即获得该客房的实时状态。当一间客房清理完毕时,客房部职员可以直接修改客房状态或者通过客房服务中心修改房态,这一信息被马上更新,前台职员可以实时获取实时房态(图 2－10 展示了 Fidelio 系统中的实时房态图)。房态报告也可以在需要时打印出来(图 2－11)。

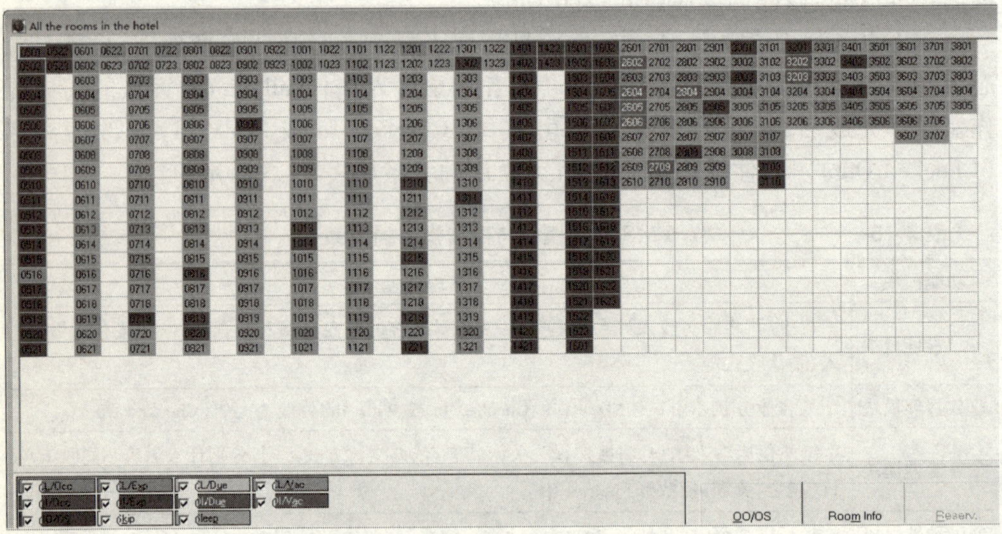

图 2－10　PMS 系统实时房态表——Fidelio 系统

客房管理模块在客人登记入住时能自动地处理房态和费用,管理模块在前台接待、总机和礼宾部的计算机上显示顾客信息,使前台能够及时地了解客人的情况。这些模块也使管理者能高效地安排客房服务员的工作量、工作进度等，并生成客房工作报表，另外，通过接口模块连接电话交换机，酒店可以更快捷地实现自动叫醒服务，消息留言服务等功能，为这些辅助性的顾客服务活动提供了强有力的帮助。

Date of printing: Saturday, February, 17, 2007 02:15

5 Housekeeping Rooms Status Report *

****** Occupied - Clean ******

SUBT 0605	SUBQ 0608	SUBQ 0613	SUBQ 0616
BCCQ 0715	SUBQ 0716	SUBQ 0722	BCCQ 0803
SUBQ 0822	SUBQ 0902	SUBQ 0908	DSDQ 0910
BCCQ 1103	SUBT 1105	SUBQ 1108	BCCQ 1109
DXAT 1201	DXAQ 1212	BCCQ 1214	DXAQ 1217
RSMT 2805	SUMO 2903	RSMT 2906	SUMO 3002
DXHO 3301	RSHT 3303	RSHT 3305	RSHT 3405

****** Occupied - Dirty ******

SUBQ 1013	BCCQ 1014	DSDQ 1210	BCCQ 1215

****** Out Of Order ******

SUMO 3003	DXMO 3110

图 2－11 PMS 系统生成的房态报表

一、房态管理

在给客人分配房间之前，前台接待员必须获取酒店实时的、准确的房间状态信息，房间状态可以根据未来可用信息（通过预订数据决定）和现在的可用信息（通过客人入住信息、客房部数据决定）做相应的改变。

未来可用信息非常重要，是因为它不光可能会影响到住店客人的停留日期，通过它还可以获取以后几天的可用房数据，给予前台员工可靠的房态信息，这样可以大大增强前台员工在提高入住率的同时保障顾客需求的能力。

【行业案例】

马克先生在星期四入住酒店,原打算星期五结账离店。但他在星期五工作期间发现自己必须留下来过完周末(星期五、星期六两个晚上),于是他来到前台要求延期续住(Extended),前台员工需要尽快答复客人的延期续住要求。在没有PMS的时代,前台员工不仅需要查看现在的客房状态,更重要的是需要查阅星期五、星期六晚上的预订信息,而预订信息被保存在预订部。因此,在没有PMS的时代,预订部与前台有大量的信息往来,在这一时期,从管理架构来看,预订部是前厅部的一部分。

PMS的运用完全改变了这一流程,在客人提出延期续住要求的同时,前台员工在PMS中查询房态信息和预订信息,从而迅速答复客人。比如在本例中,前台员工查询酒店管理系统发现:尽管周五晚上酒店业务并不繁忙,但酒店周六晚上客房已经全部预订。这显然引出了一个需要根据酒店制度加以解决的问题,但让问题在星期五就浮出水面,比在星期六客满时才发现要好得多。

客房状态是客房能迅速、及时销售的关键,常见客房状态定义如表2-4所示。为使前台职员在顾客登记期间能够正确地分配客房,目前可用房信息(Room Availability)是绝对的基准信息。在没有PMS的时代,由于前台员工与客房部服务员之间信息交互不够顺畅,分配房间经常会出现错误,如前台将客人分配至占用房(Occupied)导致重复开房(Double Check In),客房部员工误将住客房(Occupied Dirty)当作走客房(Vacant Dirty)进行清洁而导致客人物品被丢弃。

表2-4 客房状态一览表

房态类别	房态	说明	备注
常规状态(所有PMS都具备的客房状态)	空房(V,Vacant)	客房处于空闲状态	
	占用(O,Occupied)	客房处于出租状态	
	清洁(C,Clean)	客房完成清扫并确认,处于清洁状态	
	脏(D,Dirty)	客房处于不清洁状态,需要客房部清扫	一般情况下,夜审完成后,PMS将酒店所有占用房状态由“清洁”变为“脏”
	维修(OO/OS,Out of Order/Out of Services)	客房处于“不可用”状态	OO和OS是完全不同的两种房态,OO房不含在出租率的计算之中

续表

房态类别	房态	说明	备注
附加状态（不同的PMS、不同的酒店设置，可能会有所不同）	预期抵达（E，Expected）	客房处于空闲状态，但有预订客人被分至该客房，今天该客人即将入住，是“空闲”状态的特殊情况	如果客房此时处于脏状态，应优先清洁 如果入住客人属于VIP，应按照酒店流程处理（鲜花、果盘等）
	预期离店（D，Due Out）	客房处于占用状态，但客人今天预期离店，是“占用”状态的特殊情况	前厅部需注意客人账目，确认客人离店或者延期续住，为客人离店做好准备 客房部应注意查房，防止跑账等情况
	检查（I，Inspected）	表明该客房已经经过客房部督导人员的检查，是介于“清洁”“脏”的中间状态	通过设定PMS中的参数，酒店可以实现“只有经过检查的客房才能出售”的功能
特殊状态（酒店在特殊情况下出现的房态）	沉睡房（Sleep）	前厅部显示该客房为“空房”，客房部显示客房为“占用”	由于前厅不知道客人的存在，酒店无法获取收入，客房在“沉睡”
	逃账房（Skip）	前厅部显示该客房为“占用”，客房部显示客房为“空房”	前厅认为客人尚在酒店，但客人很可能已经逃账
维修	OO（或OOO，Out of Order）	维修	客房问题比较严重需要维修，而这一问题往往不是由于管理问题而是由于工程问题，如卫生间漏水
	OS（Out of Services）	维护	客房由于内部原因暂停出售，如封楼

在使用PMS之后，客房管理模块对客房状态进行集中控制，及时更新客房状态的变化，使前台员工能够在入住登记时快速准确地分配房间，而客房服务员也可以根据客房状态安排客房清洁工作。例如：当前台接待员为客人办理入住手续后，客房状态自动从空净（vacant clean，VC）变更为占用净（occupied clean，OC），而这一信息会自动更新至客房部员工。当一位客房服务员完成清洁，将客房状态由空脏（vacant dirty，VD）变更为空净（vacant clean，VC）后，这一信息也会自动更新至前台，前台员工即可将客房再次出售。

【行业案例】

刘易斯来前台入住登记，前台员工小梦将客人分配至2503客房，给客人做完房卡后正要在PMS上进行操作，忽然旁边客人摔伤，小梦连忙跑去搀扶客人，也想着帮助客人后及时去完成操作，后来一忙就忘记了。

客房2503在客人入住后的实际房态应该是占用(Occupied)，但是由于小梦忘记在PMS上进行操作，在系统中2503的房态依然是空闲(Vacant)，而前台员工对于客房状态的信息完全依赖于PMS，所以前台员工认为2503客房的状态还是空闲(Vacant)，这就是客房差异。而2503客房的状态处于"沉睡房(Sleep)"，会影响酒店的营业收入。

另外，如果另一位客人办理入住登记，前台员工有可能将客人分配至2503客房，由此产生重复开房(Double Check In)的后果。

客房差异(Room Discrepancy)，也经常被称为客房矛盾，是指客房部与前厅部对某间客房信息的理解存在差别，常见的差别是客房状态差异(Room Status Discripancy)和客房人数差别(Room Person Discripancy)，其中的客房状态差异是指客房部与前厅部对某间客房的状态信息存在差别，这些差异会严重地影响一个酒店的顾客满意度和酒店的盈利能力。在使用PMS前，客房状态差异主要是因为前厅部与客房部在沟通上的时间差异，而使用PMS后，客房状态差异也时有发生，这主要缘于没有按照标准操作PMS。避免客房差异的主要方法是加强客房部的查房，不断地将客房部与前厅部的客房信息进行比较，与此同时，也需要加强员工培训，强化流程的完整性。

除了客房状态差异外，客房人数差异也是客房差异的一种，即客人入住登记人数与实际入住人数不一致，这不光影响了酒店加床等潜在收入的获得，更重要的是，国内公安部门要求每位住店客人必须办理入住登记手续并提交有效身份证明，客房人数差异会对酒店经营产生潜在的麻烦。

在产生客房差异后，通过客房管理模块生成客房差异报表(Rooms Discrepancy Report)，给管理者指出特定客房的状态必须核实以避免沉睡房(Sleep)和逃账房(Skip)的产生，这一报表列出所有前厅部与客房部之间的客房信息差异，这也是客房管理模块的重要功能(图2-12)。

Room	Hsk Status	FO Status	Hsk Persons	FO Persons	Room Status	Discrepancy
0623	OCC	VAC	0	0	CL	SLEEP
0701	OCC	VAC	0	0	CL	SLEEP
0703	VAC	OCC	1	1	CL	SKIP
Total(3)			1			

图2-12　客房差异报表

维修房设置(OO－OS)也是客房管理模块的重要功能,在客房服务员发现客房故障后,根据实际情况,将客房状态设置为OO(Out of Order)或OS(Out of Services)。当客房出现严重的工程问题需要维修时,将客房状态修改为OO,及时通知工程部门进行维修,在维修完毕并检查合格后,再将客房状态修改为VC状态。如果客房由于酒店经营原因(如淡季封楼),应该将客房状态修改为OS,待需要时再将客房状态修改为VC①。

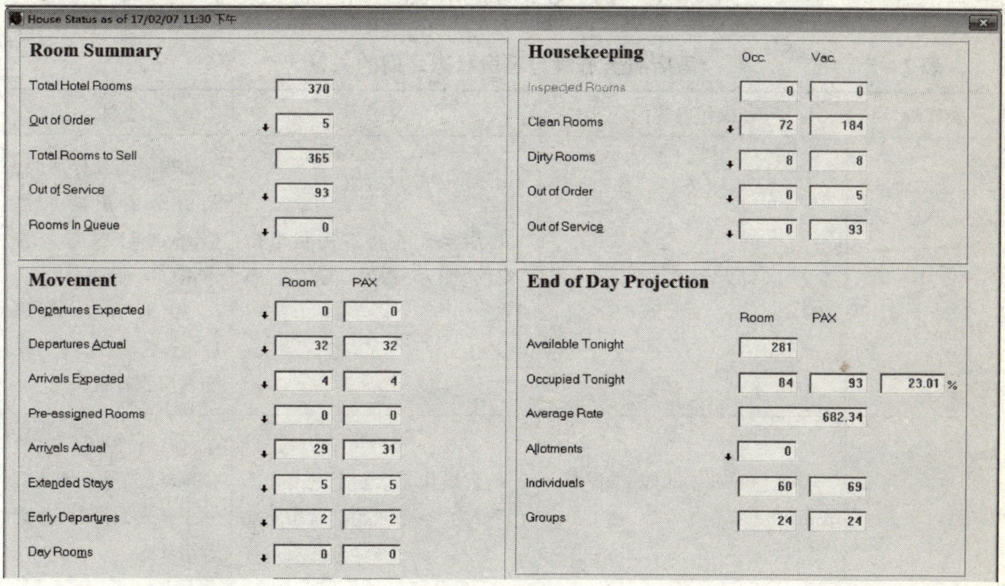

图2－13　客房信息一览窗口(House Status)

【行业案例】

出租率到底是一个什么样的数字?

在许多酒店有争议,根据图2－13可以看出,在Fidelio(OPERA) PMS中:

出租率(Occupied)＝占用房间数量/可买房(Total Rooms to Sell)数量

而可买房(Total Rooms to Sell)数量＝总房间数(Total Hotel Rooms)－OO房数量

总之,房态管理是客房管理模块的核心功能,图2－14标示了酒店对客服务流程与客房状态之间的关系,各个操作项目解释如表2－5所示,需要注意的是,每个箭头有可能代表多个操作。

① 维修后的客房在修改为VC之前也需要客房服务员的检查,防止发生服务缺陷。

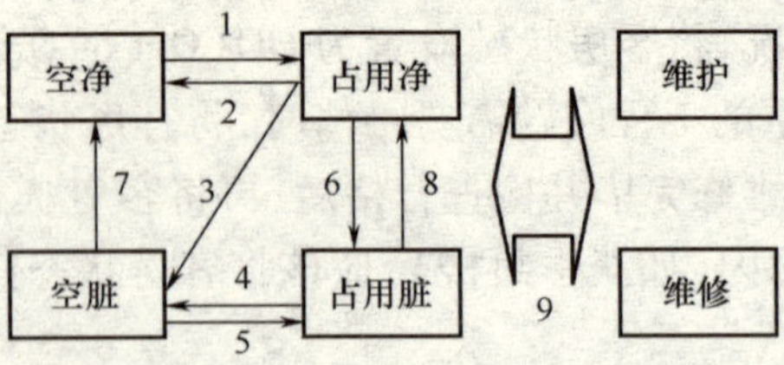

图 2-14　酒店服务与客房状态之间的关系

表 2-5　　　　酒店服务流程与客房状态之间的关系

操作编号	操作内容	说明	备注
1	入住(Check In)	离店操作会将客房状态由“空闲”变为“占用”,清洁状态不变	如果酒店预分房间,则房态由预期入住(Expected)状态变为占用(Occupied) 如果客人拼房(Share)入住,则不改变客房原有状态
2(可能对应多个操作)	离店(Check Out 或 Early Departure)	离店操作将客房状态由“占用”变为“空闲”,清洁状态不变	如果客人拼房(Share)入住,则最后一个客人操作时,改变客房状态
	取消入住(Cancel C/I)	取消入住操作将客房状态由“占用”变为“空闲”,清洁状态由前厅员工操作而定	同上
	换房(Room Move)	换房操作后,原住客房状态由“占用”变为“空闲”,清洁状态由前厅员工操作而定	同上
3(可能对应多个操作)	取消入住(Cancel C/I)	取消入住操作将客房状态由“占用”变为“空闲”,清洁状态由前厅员工操作而定	同上
	换房(Room Move)	换房操作后,原住客房状态由“占用”变为“空闲”,清洁状态由前厅员工操作而定	同上

续表

操作编号	操作内容	说明	备注
4	离店(Check Out 或 Early Departure)	离店操作将客房状态由“占用”变为“空闲”,清洁状态不变	如果客人拼房(Share)入住,则最后一个客人操作时,改变客房状态
	换房(Room Move)	换房操作后,原住客房状态由“占用”变为“空闲”,清洁状态由前厅员工操作而定	同上
5	取消离店(Reinstate)	取消离店将客房状态由“空闲”变为“占用”,清洁状态不变	需要注意取消离店的条件
6	夜审(Night Audit)	每次夜审后,所有“占用”状态客房,客房状态变为“脏”	
7、8	客房清洁(Housekeeping)	客房部服务员完成客房清洁后,由客房部主管或者客房服务中心将客房状态由“脏”修改为“清洁”	7为走客房的清洁,8为住客房的清洁,工作量和操作流程存在不同
9	维修房设置	将客房状态由常规状态设置为“维修”,或者将“维修”状态变为常规状态	

二、客房和房费分配

客房管理模块还用于帮助前台职员在顾客登记入住时分配客房和房费。该模块既可以自动分配,也可以由前台员工手工输入房号或者根据选房条件进行客房分配。

自动客房分配将根据酒店管理层确定的参数来实现,客房可以根据预先指定的楼层或者按照客房使用的折旧率来选定,计算机可以跟踪客房使用频率来排列客房,系统根据所有客房存量中平均分布住宿负载的原则分配客房,以保证每间客房的损耗趋于平均,降低酒店损坏率。如果酒店并没有制定特定的选房条件,客房管理模块就按照客房号码的大小顺序来分配,在这样的情况下,往往会造成楼层低的客房使用率过高,最终引发客房提前损坏(图2-15)。

交互式客房和房费分配程序是客房管理模块的常见功能。在需要提高客房分配的针对性和速度时,这样的功能对前台员工很有帮助。比如,在一个拥有800间客房的酒店,前台员工就可以通过一系列查询来缩小分配的范围,诸如楼层、客房朝向、无烟楼层、连通房等。这样就可以使登记入住、更换客房等操作更加方便快捷,并满足顾客个性化需求(图2-16)。

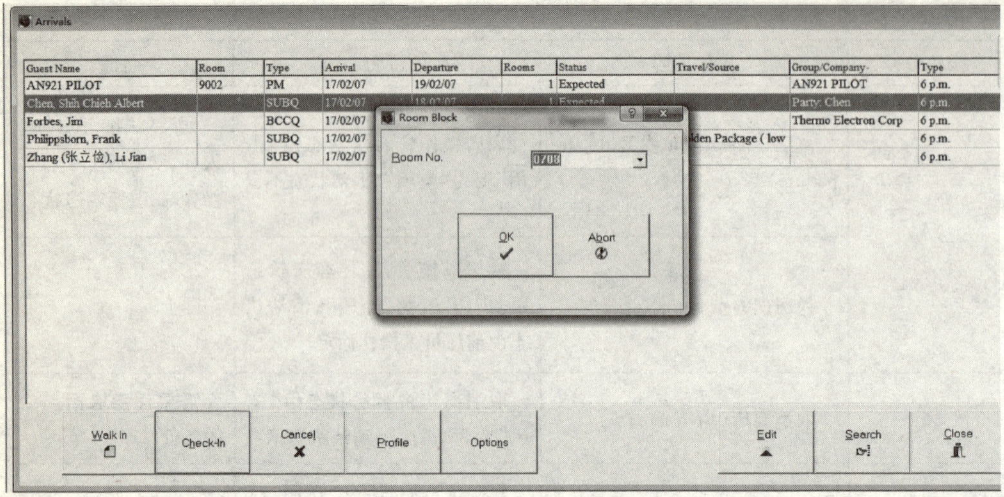

图 2－15　当存在可售房时，入住时 PMS 客房分配模块会自动分配房间

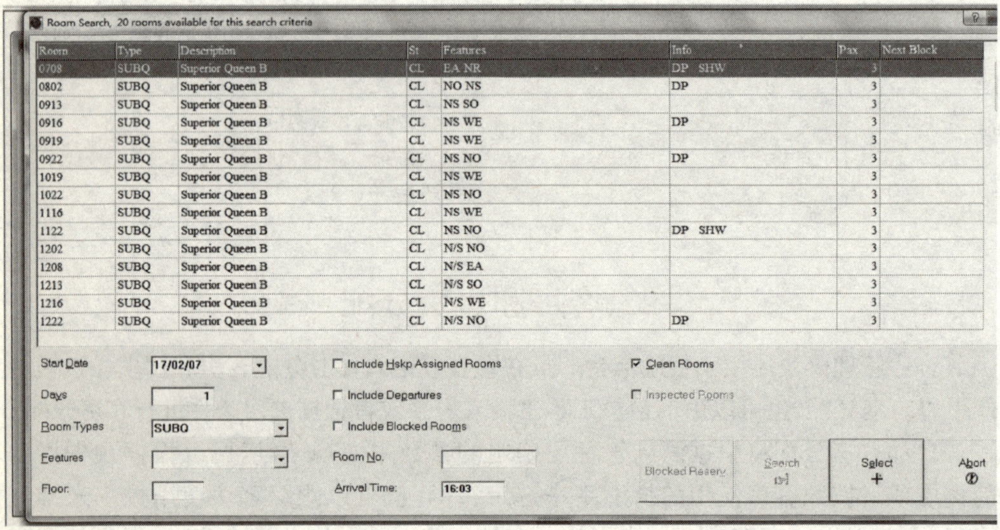

图 2－16　可以输入搜索条件进行客房筛选

为了迎合顾客偏好并确保登记入住流程的流畅，客房管理模块通常具备超驰功能，即前台员工强行分配非 VC 房给客人（图 2－17），这一功能可以应付很多常见的场合，如客人早晨来到酒店，恰好此时客房尚未清扫完毕，客人的客房处于脏（Dirty）状态，此时可以使用超驰功能为客人先分配一间脏房同时告知客人客房暂时不可以使用，但客人可以将行李寄存后去用餐或者办理其他事宜，这样的处理无疑比告知客人“暂时没房，请等待，且不要走太远”要容易接受得多。

图 2－17　系统提醒分配了一间非正常状态客房

在酒店出租率高峰期和有大型团队入住时，为了提高客房使用率，让客房分配得更合理，如让同一团队的客人尽可能入住统一楼层，让低价订房的旅行客人和高价渠道的商务客人尽可能不住在同一楼层，酒店前厅经理经常会提前将客房分配，或者专门设立客房分配职位来完成这一工作，这样做的目的都是为了在大型的酒店中更好地、更合理地来分配客房资源。

最后要明确的是，客房类型总是被设定了房价，当客人入住的房型发生变更时，如客人所预订房型无房，客人升级到高一层房型，客房管理模块必须将房价进行修改，以防止发生因遗忘而导致的损失。

三、住店客人信息

客房管理模块还提供了查询顾客信息的功能，这一查询功能必须区分不同的员工权限，如礼宾员、总机接线员、前台接待员分别可以查询详细程度不同的顾客信息，包括姓名、到店时间、房号等，具备权限的员工还可以查询详细的客人喜好、消费历史等，这样的设定对于提高员工对顾客的认知，增强对顾客的个性化服务很有帮助。

顾客信息也有可能从客房管理模块传送到销售点，以加速对顾客购买行为收费的确认和授权过程。当一个客人在餐厅用餐完毕后，餐厅收银员通过询问客人的房号和入住登记的姓名，可以确认特定客房的客人，这样就可以使费用过账到错误的顾客账单上的可能性减至最小，在有些情况下，这些费用会被错误地过账到已经退房的顾客，甚至是某一个并不存在的客人账单下①。尽管酒店一卡通的流行使得酒店可以通过刷客人房卡来实现“验明正身”的效果，但顾客信息依然是一个有效的核实方法。

---

①　这也是酒店前台在登记入住时，禁止大声说出客人姓名和房号的原因之一，因为姓名和房号两项信息就可以用来审核消费。

四、服务员分配

客房清洁是客房部服务员的重要工作,而每日客房部早会的工作分配则是一天工作的基础,客房管理模块提供了完整的客房服务员分配的功能,能够帮助酒店客房管理者完成如下功能:

(1)预测需要清洁的客房数目和工作量。

(2)根据工作量安排客房服务员的工作分配。

(3)分配工作量。

(4)衡量工作量。

客房管理模块通过处理现有客房数量和预计抵达客人数量来预测需要清理的客房数量,根据客房数量、房态、入住人数的不同来计算工作量,从图 2-18 中可以看出,在这家酒店 1003 住客房(OD)的清洁为 2 个工作量,而走客房(VD)的清洁为 3 个工作量。最后,在酒店的工作量标准基础上,结合酒店楼层区域分布,为每个客房服务员分配合适的客房数量并指定房号。

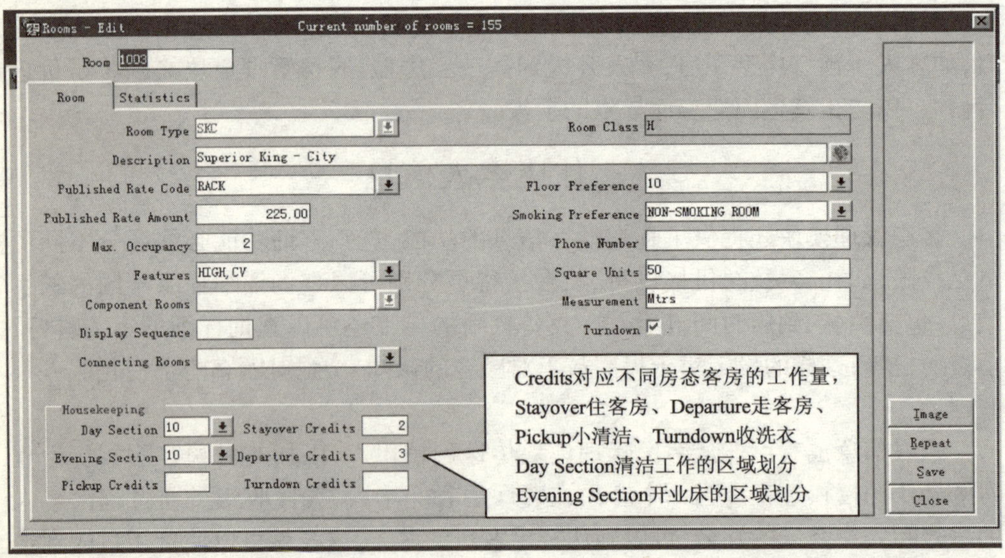

图 2-18　通过设定不同房态(VD 和 OD)的不同工作量,来提高客房工作分配的合理性

在初次进入客房去清理时,客房服务员可以使用 PMS 的客房电话接口模块输入他的员工号码、房间号(不一定是必须的)以及房态修改码来修改客房状态,这样 PMS 会记录下这个修改的时间,这样客房管理模块就可以统计劳动生产率。劳动生产率由计算一个客房服务员花在一间客房的平均时间和一个班次里清洁的客房数目(或完成的工作量)得出,生产力报告使管理者能够在整个班次跟踪客房人员分布的同时,也清楚潜在的效率提升点。

在客房管理模块生成客房工单过程中，调用客户资料管理模块和业务管理模块，将相应的顾客信息和预订信息一并生成至工单中(图 2－19)，可以有效提高客房服务员的工作效率和服务质量，如客房工单中记录了客人非常喜欢香蕉，客房服务员在送水果时就可以选择给该客人多送点香蕉，而当客房服务员得知客人对花粉过敏时，客人的欢迎鲜花这一项服务则应该被取消。

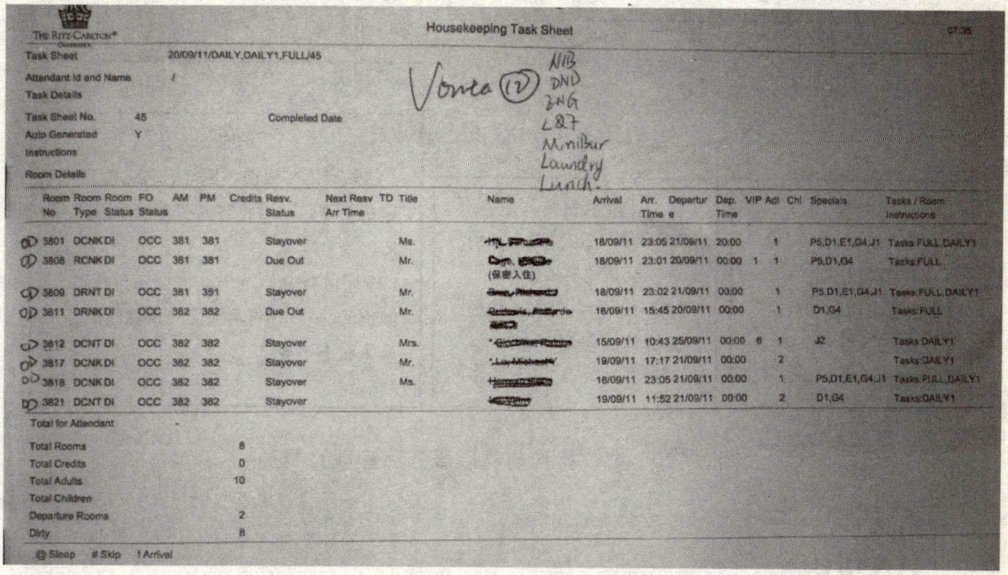
THE RITZ-CARLTON®

Housekeeping Task Sheet

Task Sheet　20/09/11/DAILY,DAILY1,FULL/45

Attendant Id and Name　/

Task Details

Task Sheet No.　45　Completed Date

Auto Generated　Y

Instructions

Room Details

Room No	Room Type	Room Status	FO Status	AM	PM	Credits	Resv. Status	Next Resv Arr Time	TD	Title	Name	Arrival	Arr. Time	Departure	Dep. Time	VIP	Adl	Chl	Specials	Tasks / Room Instructions
3801	DCNK	DI	OCC	381	381		Stayover			Ms.	[redacted]	18/09/11	23:05	21/09/11	20:00		1		P5,D1,E1,G4,J1	Tasks:FULL,DAILY1
3808	RCNK	DI	OCC	381	381		Due Out			Mr.	[redacted] (保密入住)	18/09/11	23:01	20/09/11	00:00	1	1		P5,D1,G4	Tasks:FULL
3809	DRNT	DI	OCC	381	391		Stayover			Mr.	[redacted]	18/09/11	23:02	21/09/11	00:00		1		P5,D1,E1,G4,J1	Tasks:FULL,DAILY1
3811	DRNK	DI	OCC	382	382		Due Out			Mr.	[redacted]	18/09/11	15:45	20/09/11	00:00		1		D1,G4	Tasks:FULL
3812	DCNT	DI	OCC	382	382		Stayover			Mrs.	[redacted]	15/09/11	10:43	25/09/11	00:00	6	1		J2	Tasks:DAILY1
3817	DCNK	DI	OCC	382	382		Stayover			Mr.	[redacted]	19/09/11	17:17	21/09/11	00:00		2			Tasks:DAILY1
3818	DCNK	DI	OCC	382	382		Stayover			Ms.	[redacted]	18/09/11	23:05	21/09/11	00:00		1		P5,D1,E1,G4,J1	Tasks:FULL,DAILY1
3821	DCNT	DI	OCC	382	382		Stayover				[redacted]	19/09/11	11:52	21/09/11	00:00		2		D1,G4	Tasks:DAILY1

Total for Attendant

Total Rooms	8
Total Credits	0
Total Adults	10
Total Children	
Departure Rooms	2
Dirty	8

@ Sleep　# Skip　! Arrival

图 2－19　客房工单记录了工作量，并提供顾客信息和预订信息

第四节　顾客账务模块

从财务的角度来看，酒店管理系统最重要的部分是顾客账务模块，电子账单的建立使得远程销售点可以将费用直接抛至住店客人和非住店客人账户上。顾客账务模块使得管理层能够在对客服务期间，对客户账务进行控制。这一模块主要负责费用抛账、自动更新(审核)账户信息、显示/打印账单，此外，顾客账务模块还给诸如账单处理、账户余额、收银员对账、财务审计、应收账款等领域提供了信息化的控制手段。顾客账务操作与酒店服务之间的关系如图 2－20 所示。

一、账户类型

酒店管理系统可以确保在顾客预订完成时准备好一张客人账单，如果客人没有预订，则该账单在入住时生成，账单包含了客人入住的基本信息有：

(1)顾客姓名。

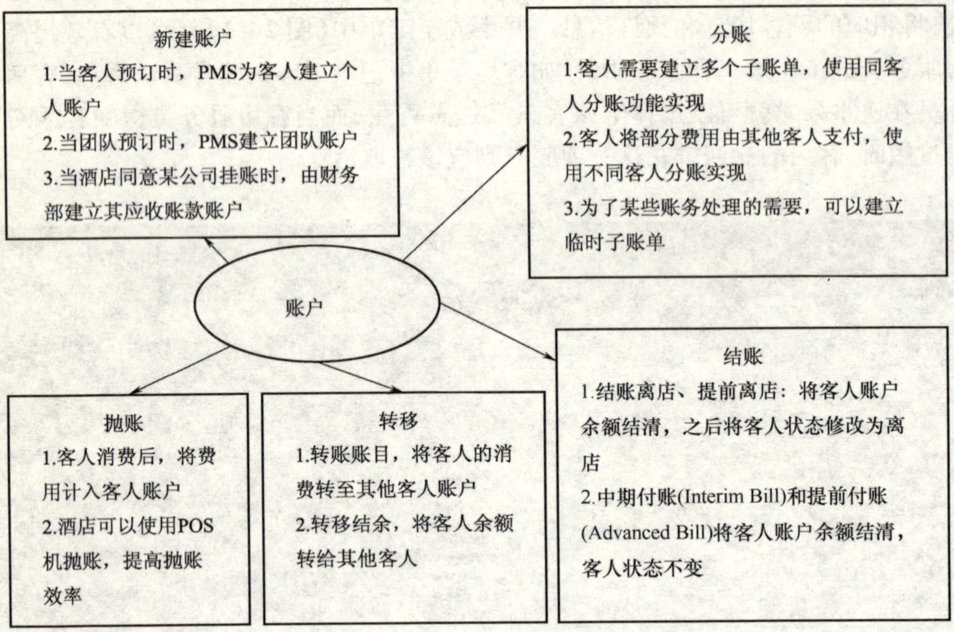

图2－20　账户操作与酒店服务和管理的关系

(2)地址。

(3)客房号码。

(4)账单号。

酒店提供了不同的账单类型，其中个人账单(Individual Folios)也叫做“客房账单”或者“顾客账单”，指派给住店顾客，其作用是记录他们和酒店之间的服务与费用。图2－21展示了一张个人账单。团队账单(Master Folios)一般对应于不止一个顾客或房间，包含着不转账至个人账单的一些交易记录，团队账单一般用于给多数团队和会议提供所需的记账服务。

非住客账单(Non－guest Folios)是为那些产生店内费用的非住店顾客设立的账单，这些人包括会议客人、餐饮顾客、企业客户等，非顾客账户号在账户建立时指派，并可以制作在专用的账户卡①上。如果消费行为由非顾客账户收费，收银员一般会要求顾客出示账户卡，以确认转账有效。

顾客账务模块的功能在于能够执行持续的转账和审核流程，这通常依赖于控制账单(Control Folios)的存在，可以为每个营业点创建一个控制账单，并用它来跟踪转账至其他账单(个人账单、非住客账单)的所有事务。控制账单是强有力的内部控制文件，并极大地简化了正在进行的审计功能。

① 经常以储值卡、代金券等形式出现。

姓名	: Mr. Mu Lin	房间号码	: 0813
公司	: international Nutrition Co	页数	: 1
地址	:	房价类型	:CORB-NEW
确认号码	: 255823	人数	: 1
帐单号	: 9976	到店日期	: 15/02/07
收银员	: 66	离店日期	: 17/02/07

Ramada Plaza Pudong, Shanghai, 17/02/07

日期	消费说明	时间	备注	借方	贷方
15/02	鹏程轩 - 晚餐 #0813 : CHECK #9976	20:53:14	9976	327.00	
15/02	房费	00:50:28		700.00	
15/02	房费服务费	00:50:28		105.00	
16/02	客房小酒吧	13:06:02	117438	55.00	
16/02	洗衣费 - 湿洗	13:58:31	011608	175.00	
16/02	洗衣服务费	13:58:43	011608	26.25	
16/02	电话费 - 市区电话	17:28:31	00:04:32	0.51	
16/02	圆梦吧 - 晚市 #0813 : CHECK #5860	23:30:35	5860	114.00	
16/02	房费	01:20:35		700.00	
16/02	房费服务费	01:20:35		105.00	
17/02	客房小酒吧	15:42:12	0115228	70.00	
17/02	现金	01:09:45			2,377.76
总额:				**2,377.76**	**2,377.76**
消费余额:				**0.00**	

客人签名: ____________________

本人同意支付所有账目

图 2－21　顾客账单——上海浦东华美达酒店

半永久账单(Semipermanent Folio)用于跟踪转账的应收账款,一个在登记入住前就建立了信用授权的顾客,可以在付款时将入住期间的费用计入应收账款,酒店将该顾客的账单余额转至一张半永久账单,以跟踪记账和随后从认可的第三方收取付款,一旦未结算的余额被付清,半永久账单就会被关闭并删除。

永久账单(Permanent Folio)能够用来跟踪由信用卡公司结算的顾客账单余额。酒店将为每个和它有合同付款程序的实体建立一张永久账单,比如,可以为美国运通卡、Visa、万事达卡建立永久账单,如果顾客要使用信用卡支付,顾客账务模块就会将该余额转至对应信用卡公司的永久账单,永久账单使得酒店在顾客逗留时间之外仍能够跟踪应收账款,只要酒店继续和该实体保持业务联系,对应的永久账单就会一直存在。

二、将费用转至账户

一般来说,客人账单下的消费有两种来源:一种是 PMS 本身或者 POS 终端生成的,被称为抛账,如客人的餐饮消费抛账、通过电话交换机接口计入客人账单下的电话费;另一种由顾客账务模块自己生成,如在系统夜审期间,房费以及服务费将自动转账至所有的住店客人账单上。尽管顾客账务模块在操作时的细节不尽相

同,大多数模块为了确保金额正确地转账到对应的账单,将依靠特殊的数据录入格式,一般包含以下信息:

(1)房号(或账户号)。

(2)识别码。

(3)参考码(Reference Code)。

(4)费用总额。

在输入一个房号(或账户号)后,顾客账务模块会要求再输入一个识别码,这是当一个客人有多个子账单时区分子账单使用。参考码中通常填写该比交易对应的原始凭证号码,是为了更好地实现酒店内部控制。

最后的数据录入要求输入费用总额,在接受一个费用并将之转账到某个账单之前,顾客账务模块会启动信用监控程序,这个程序将比较现有的账单余额和由管理层预先设定的信用限额,如果该费用没有超过信用限额,则转账操作成功,否则转账不成功,系统弹出转账失败提示。

三、夜审程序

在PMS出现之前,夜审意味着大量的工作,夜审员需要手工完成所有房费、服务费和部门转账费用的操作,夜审员还要平衡所有顾客、非顾客的账户并制作各种报表。在PMS出现之后,夜审程序会完成所有这些任务,PMS使夜审更加简化。

夜审程序执行的主要内容包括制作各种报表、房态更新、费用过账,最后,将系统日期更新一日。在夜审期间,顾客账务模块会自动地把房费、服务费和其他固定费用转账给每个出租客房的账单下,此外,该模块会根据收银员班次自动平衡部门账户,并生成一张试算平衡表。顾客账务模块还能够在两个账单之间传递费用。

四、账务结算

打印清晰细化的顾客账单(附带详细的参考码)可以显著地减少顾客对账单费用的争议,如某次结账时,刘女士认为出现在她账单上的长途电话费用有误,此时,前台员工可以根据账单上的参考码找到对应的电话记录,随后就可以确认电话打出的源头(房间号)以及所拨叫的电话号码,这个过程使酒店能快速、有针对性地解决个人账单金额争议问题。而对于许多争议账单,客人消费的原始凭证、签字就成为非常重要的依据。

可以通过程序设定的夜审程序,提前打印当天预计结账离店的顾客账单(通常在早晨7:00),预先打印账单可以明显地加速结账过程,减少顾客投诉,同时预先打印账单也可以减少停电等故障带来的损失。如果客人账单在打印后发生变更(如有新的费用抛账至账单),可以将预先打印的账单作废,重新打印后按照新的费用结算。

在账务结算中,滞后收费是指顾客结账离店后才将顾客的消费费用转到账单上，信用卡授权的使用让酒店可以追讨该费用。在这样的背景下，快速结账服务(Express Check Out)随即产生，即客人提前签署授权支付入住期间费用，在客人结账离店日，酒店提前打印客人消费明细并由客房门下塞入客房，客人在客房内审核费用无误并签字后直接离店，这样的服务使结账离店操作更加快捷。

第五节　外围设备管理(接口模块)

随着酒店业信息化的进程，酒店用到的各种设备越来越多，通过接口实现由PMS对外围设备的控制，是提高酒店信息化程度的重要方法。是否具备接口是PMS是否先进的关键技术指标，支持接口的数量也代表了PMS的主要性能，日前主流PMS系统，普遍可以支持电话交换机、电子门锁、信用卡设备、POS收银设备等外围设备。详细的接口管理将在第三章介绍。

【行业案例】

接口对酒店服务的影响，不仅体现在速度方面，还体现在质量上的提升，如支持电话交换机数据写入功能，当客人在前台入住之后，入住的姓名等信息被写入电话交换机，这样当该客房客人打电话到酒店总机时，总机就可以在屏幕上直接看到客人姓名、房号等信息，有效地提高了对客服务质量(图3-6)。

还有的酒店安装了客房控制系统，可以将客人本次入住的客房设置(空调温度设置、电视频道、灯光亮度)等信息存入客人资料，当客人下次入住时，酒店可以“现场还原”，将客人上次离店时的状态重置，令客人宾至如归。

常见酒店外围设备及接口：

(1)预订系统(酒店官网、集团网站、第三方预订等)。

(2)电话交换机(电话计费、等级控制、电话Mini吧报账、房态控制)。

(3)网络交换机(宽带计费)。

(4)VOD点播(VOD计费)。

(5)信用卡(信用卡支付)。

(6)电子门锁(发卡、制卡)。

(7)收银点(抛账、收银等)。

(8)客房控制系统(客房电话、客房移动电话)。

(9)能源控制(客房温度控制、灯光、电视频道等)。

(10)公安传输(身份证自动上传)。

(11)身份证扫描仪(身份证扫描、客人信息输入一体化完成)。

(12)RFID识别(客人远程识别)。

(13)收益管理(根据出租率、历史数据等信息，动态计算合适的房价等)。

(14)自动Mini吧(实现Mini吧自动计费功能)。

第六节　常见 PMS 系统

一、国外 PMS 系统

1. Fidelio 酒店系统

Fidelio Software GmbH 于 1987 年 10 月在德国慕尼黑成立，成立四年即成为欧洲领先的酒店软件产品，成立六年跃居世界酒店信息系统供应商之首，后来该公司并入美国 Micros System Inc. 公司。目前已经在全球 16000 余家酒店、豪华游艇和休闲别墅使用，在国内四星级以上市场占有 40% 左右的市场份额；在五星级酒店市场，占有超过 70% 的市场份额，而且是目前外资或外方管理的酒店采用最多的软件。1995 年，公司在香港成立了 Fidelio Software(China)Limited，专门开发中国大陆市场。1996 年 8 月在北京注册了办事处，1997 年 7 月在上海成立办事处，1998 年 12 月成立上海分公司。自 2003 年 7 月，MICROS 公司与北京中长石基信息技术股份有限公司（简称石基公司）签订中国大陆市场（不包括香港、澳门、台湾）独家技术许可协议，石基公司全面代理了 MICROS 公司 Fidelio 和 OPERA 在中国大陆的全部销售。

2. OPERA

OPERA 系统是美国 MICROS 公司在 MICROS - Fidelio 系统的基础上开发的新版本，作为企业级软件解决方案（OPERA Enterprise Solution）包含了 OPERA 前台管理系统[OPERA Property Management System（OPERA PMS）]，OPERA 销售宴会系统[OPERA Sales & Catering（OPERA S&C）]、OPERA 物业业主管理系统[OPERA Vacation Ownership System（OVOS）]、OPERA 工程管理系统以及 OPERA 中央预订系统（OPERA Reservation System）、OPERA 中央客户信息管理系统（OPERA Customer Information System）和 OPERA 收益管理系统（OPERA Revenue Management）等，其中 OPERA 前台管理系统是其核心部分，简称 OPERA PMS，它可以根据不同酒店之间运营的需求多样性，来合理地设置系统以贴合酒店的实际运作。并且除单体酒店模式外，还提供多酒店模式，通过一个共享的数据库，为多个酒店进行数据存取甚至相互访问。

除了针对酒店集团和高星级酒店的 OPERA 以外，MICROS 公司还开发了精简版的 OPERA EXPRESS，其缩减了一些高端功能以适合小规模的商业运营，节约使用成本。

3. Sinfonia

2006 年，石基公司购得 Fidelio V7 源码，与 Micros - Fidelio 共享版权。2009 年，石基公司推出 Sinfonia Version 1.0，Sinfonia 在 Fidelio 基础上针对中国用户做出了重新开发。

4. HMS

Infor 是全球第三大企业管理软件供应商,近年来也在酒店管理软件方面有所动作,推出了自有酒店管理软件 HMS,系统的主要卖点是云平台和移动计算,可以很好地实现酒店集团化运营的模式,同时也可以和 Infor 公司的其他酒店管理软件很好地结合,如财务方面的 Sun 系统、收益管理的 ezRMS 等,是 MICROS 公司 Opera PMS 的竞争对手。在国产软件里,与 HMS 系统架构相同的有北京罗盘系统和杭州绿云(iHotel)系统。

二、国产 PMS 系统

1. 西湖软件(FOXHIS)

杭州西湖软件有限公司成立于 1993 年 6 月,是一家专门致力于旅游饭店业信息化建设、开发和服务的高科技企业,它的客户数量目前在国内居首位。该公司起源于浙江大学计算机系人工智能研究所,研发了西湖软件(即 Foxhis 系统),目前最新版为 X5 版。截止到 2012 年拥有客户 4000 余家。2006 年 12 月 18 日与北京中长石基信息技术股份有限公司合并。2007 年,与石基公司一同,使用石基信息(002153)的名称在深圳中小企业板上市。

产品名称	针对客户群	典型客户
X 系列	国际化高端星级酒店	南京金陵饭店集团 锦江国际酒店集团 首旅建国酒店集团
V 系列	三至五星级	华美达杭州海华大酒店 宁波中信国际大酒店
S 系列	快捷连锁酒店	上海莫泰连锁酒店

2. 中软好泰

北京中软好泰酒店计算机管理系统工程有限责任公司(简称:中软好泰公司)成立于 1995 年,研发了中软好泰系统 CSHIS。2006 年,中软好泰公司被携程网收购,成为美国纳斯达克上市公司,截止到 2012 年拥有客户 4000 余家。

产品名称	针对客户群	典型客户
CSHIS	星级酒店	钓鱼台国宾馆 京都信苑饭店 上海紫金山大酒店

3. 千里马酒店管理系统

千里马酒店管理系统最初由广东劳业电脑系统开发公司于 1993 年推出 DOS

版,1998 年推出 WINDOWS 版(采用 C/S 结构,用 VB 开发,采用 Windows NT/2000 平台,使用 SQL Server 数据库),目前有 300 家左右饭店用户,主要分布在广东、湖北、湖南、四川等省市。劳业公司于 1998 年被香港万达电脑系统有限公司收购,改名为广州万迅电脑软件有限公司。

产品名称	针对客户群	典型客户
千里马酒店管理系统	星级酒店	山东舜和酒店集团 晋江马哥孛罗酒店

4. 北京石基公司系列软件

1998 年,李仲初创办北京中长石基网络系统工程技术有限公司,专门从事酒店信息系统的研究与开发,2001 年 12 月 21 日股份制改革为北京中长石基信息技术股份有限公司。自 2003 年 7 月起,石基公司同 MICROS 公司签订中国大陆市场(不包括香港、澳门、台湾)独家技术许可协议,全面代理了 MICROS 公司 Fidelio 和 OPERA 在中国大陆地区的全部销售。

另一方面,石基公司与北京世纪泰能科技有限公司共同设立北京泰能软件有限公司,石基公司以现金 500 万元出资,占公司注册资本金额的 65%,专门为低星级酒店提供服务。石基公司又在 2006 年 12 月 18 日与当时国内最大的酒店信息系统提供商杭州西湖软件公司合并,并连续开发和收购了一系列酒店信息化产品:2007 年收购餐饮信息化的香港 Infrasys 公司,2010 年收购银行卡、收银一体化软件供应商南京银石,2011 年收购餐饮信息化企业上海正品贵德,2013 年 4 月收购中国电子器件工业有限公司 55% 的股份,同时石基开发了畅联(ChinaOnline)、石基人力资源系统(HRMS)、成本控制系统(PICC)等,形成了较为完整的产业链。

【补充材料】

预订的前世今生与信息化

——“信息化就是酒店的生产力”主题展览解说词

预订,对于今天的酒店业,已经是一件司空见惯的服务,但预订普及的时间仅有 60 余年,与酒店业数千年的历史相比,着实是一个新事物,本展览将以预订从无到有的发展历程,来揭示信息技术对酒店业的深远影响。

第一组图片——无预订时代

特点:没有预订,没有房型的区别,没有客户市场细分,没有预订部的存在。

第一张照片来自清明上河图,可以看出在古老的酒店发展历程中,由于交通、通信的限制,古代客栈规模小、辐射半径小,大多分布于集市、渡口、道路、驿站附近，酒店营销、预订根本无从谈起。

第二张图片来自晚清时期客栈图片——山西平遥古城，在没有预订的时代，酒店营销只有非常简单的手段：店铺的招牌和店员的吆喝，店铺为显示资金雄厚而用金箔贴字的招牌，称为“金字招牌”。

第三张图片来自16世纪晚期意大利圣丹尼斯酒店（现属于喜达屋酒店集团至尊精选品牌），没有计算机的时代，偶尔产生的预订通过信函方式完成，酒店收到后进行处理，在客人入住的前一天将预订函放置在酒店的房态柜中以确保预订被执

行，图中可以看出柜子中不同的信函摆放方式分别代表“预订未入住”和“预订已经入住”，柜子中分别放置客人预订信函和客人入住登记单。

第二组图片——预订初现，以数量为中心的预订时代

特点：预订产生，仅能确定预订，不能实时确定房型，没有预订部。

1947 年，威斯汀（Westin）使用打孔卡建立了第一个酒店预订系统 HotelType，酒店进入预订时代，但仅能处理单体酒店的预订信息，处理每次预订需要花费 90 分钟，图为计算机用打孔卡。

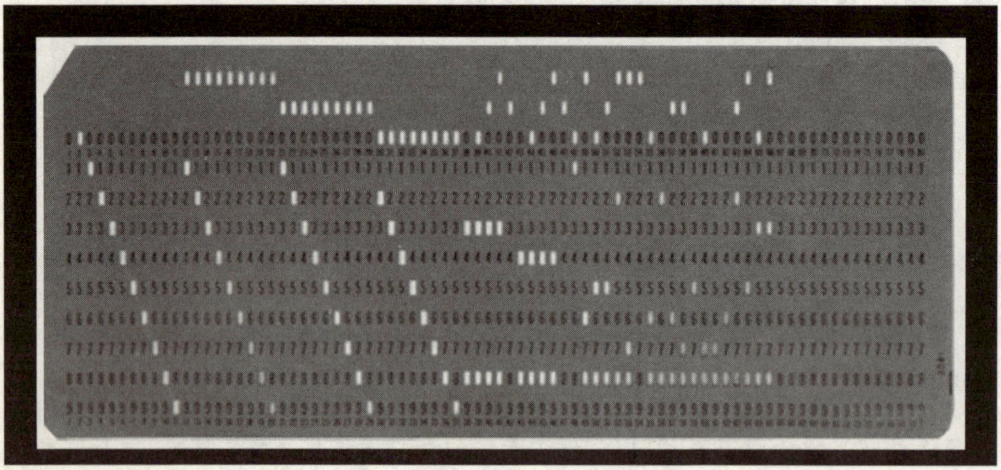

1953 年，美国航空公司与 IBM 合作开发 SABER 系统（SCMI – AUTOMATIC BASSIMESS ENVIREMONT RESEARCH，半自动业务环境研究，1961 年更名为 SABRE），依托计算机，第一次实现了集团公司的预订自动化，将一个预订的响应时间从 90 分钟减少到数秒，但 SABER 只能预订机票，由于产品的复杂性高于机票，酒店在此时尚不能进行远程集团预订。图为美国航空公司 SABER 机房。

1958 年，喜来登第一个实现自动电子预订系统并提供免费预订电话号码，预订系统让客人未到店而先服务，推动了酒店商业模式变革。图为当时预订系统所

使用的计算机系统。

第三组图片——PMS 时代

特点:以房型为中心的预订时代,预订部产生,职责是控制客房存量,从属于前厅部。

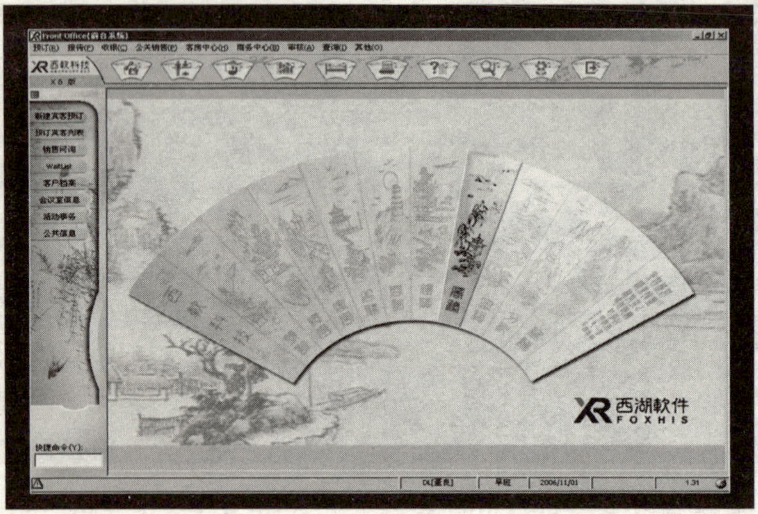

1969 年,ECI 公司开发 ECCO 系统并安装于夏威夷喜来登酒店,成为酒店管理系统的开端,酒店业务管理进入信息时代。杭州西湖软件是非常流行的国产软件之一,开发之初许多地方借鉴了 ECCO 系统,图为杭州西湖软件。

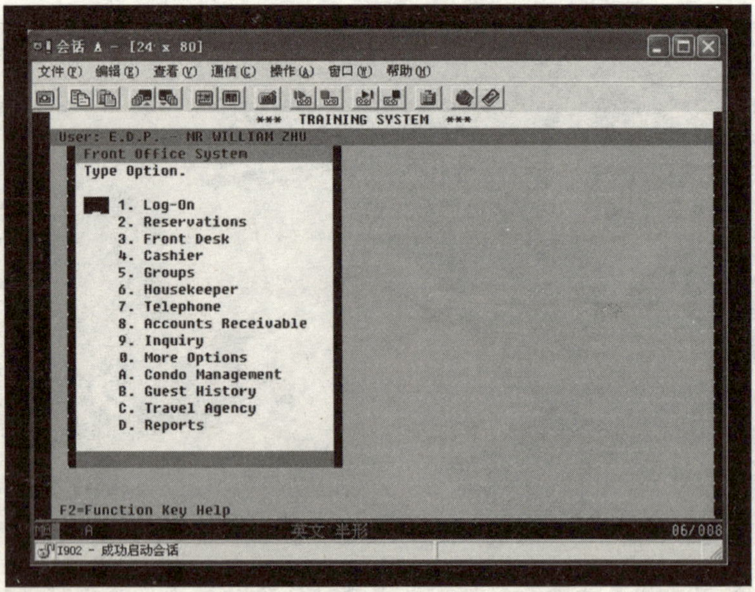

1977 年,饭店业资讯系统有限公司成立,所开发的 HIS 系统全盛时期全球拥

有 4000 家用户，HIS 是基于小型机的系统，从体系上比 ECI 系统更加适应酒店业，图为 HIS 系统。PMS 系统的出现实现了预订管理自动化，酒店客房按照房型来进行区别和分类出售。

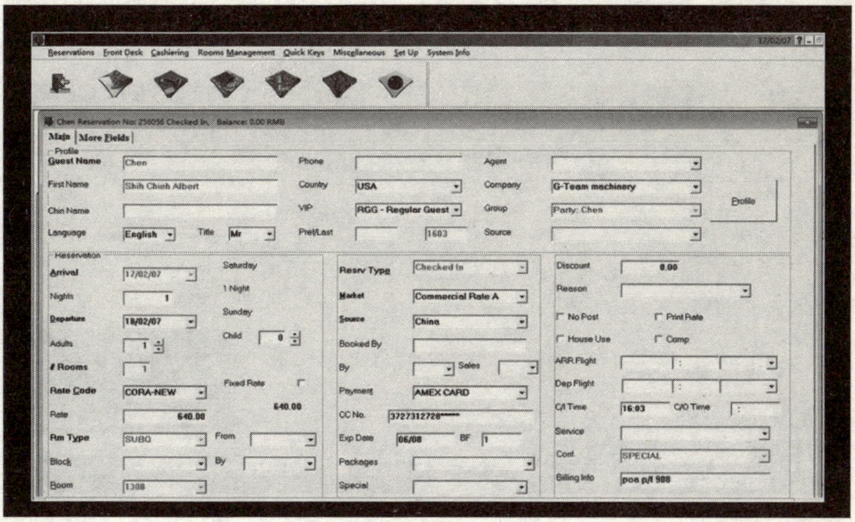

1987 年，Fidelio 公司在德国慕尼黑成立，六年后 Fidelio 成为全球最流行的酒店管理系统，Fidelio 比 HIS 系统更快适应酒店的一个重要原因是以客户为中心，图为 Fidelio 系统中一个典型的预订，记录了客人的重要信息。

第四组图片——以客户为中心的预订时代

特点：预订部职责演化为支撑服务，从前厅部逐步转向销售部。

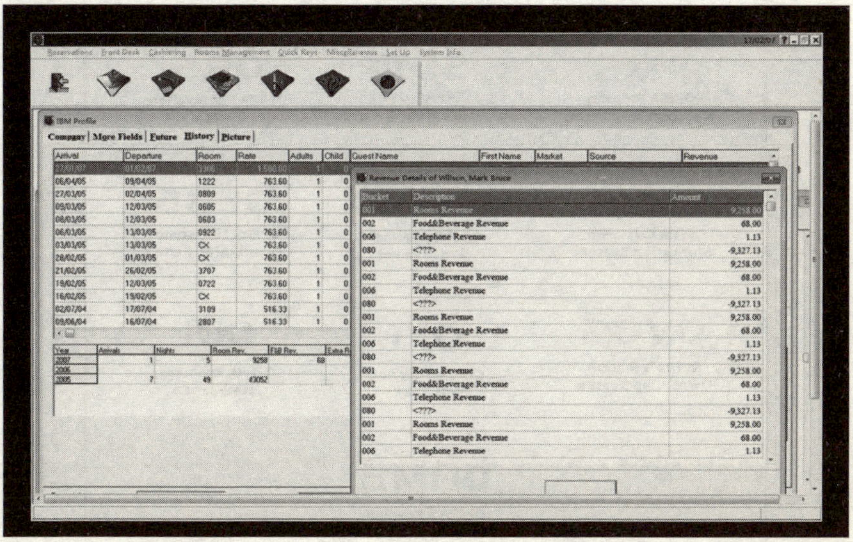

1993年,Fidelio系统成为全球使用率第一的酒店管理软件,Fidelio系统的核心,在于以客户为中心的设计理念。

1994年,Promus和凯悦酒店集团率先在互联网上建立酒店网站,如何将互联网和酒店PMS无缝地对接起来,是互联网时代酒店业的新挑战。

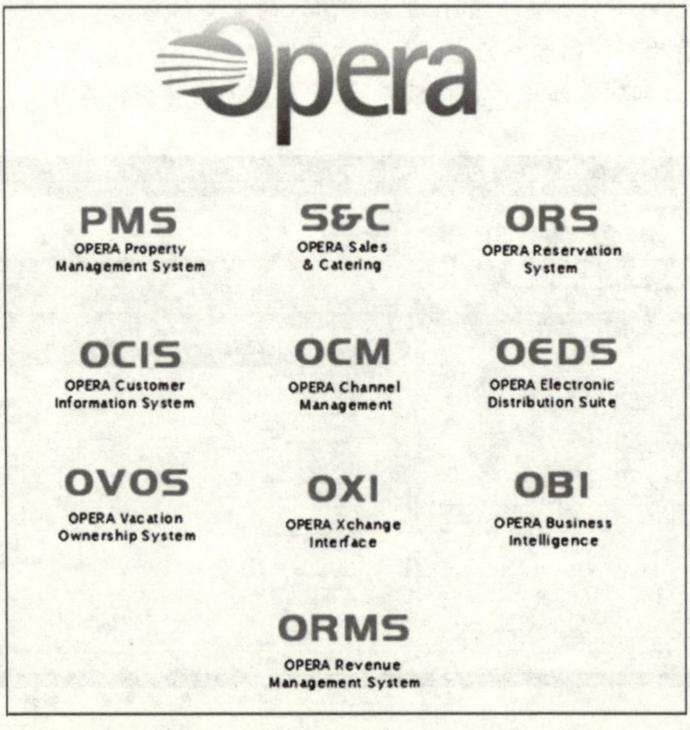

1999 年,Fidelio 系统的下一代产品 Opera V1 系统诞生,Opera PMS 的诞生预示着主流 PMS 在互联网和集团化的大趋势下的战略。

第五组图片——以价格为中心的预订时代

特点:预订的核心问题是价格,收益管理开始出现。

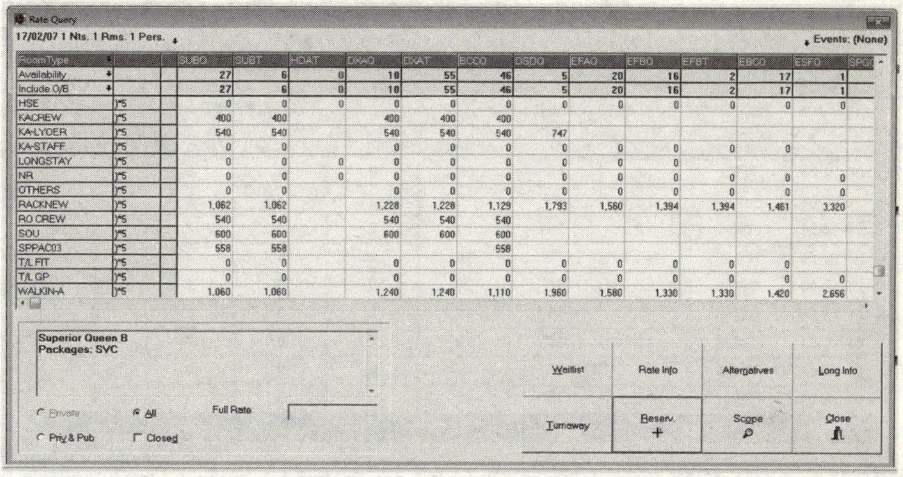

预订时价格代码和价格的确定是 Fidelio 价格管理的核心,“营销部确定价格策略,预订部优雅、快捷地与客户交流并销售客房”,预订不仅仅是一项服务,而是酒店的定价战略中的一个环节,图为 Fidelio 系统中价格代码(Rate Code)的操作界面。

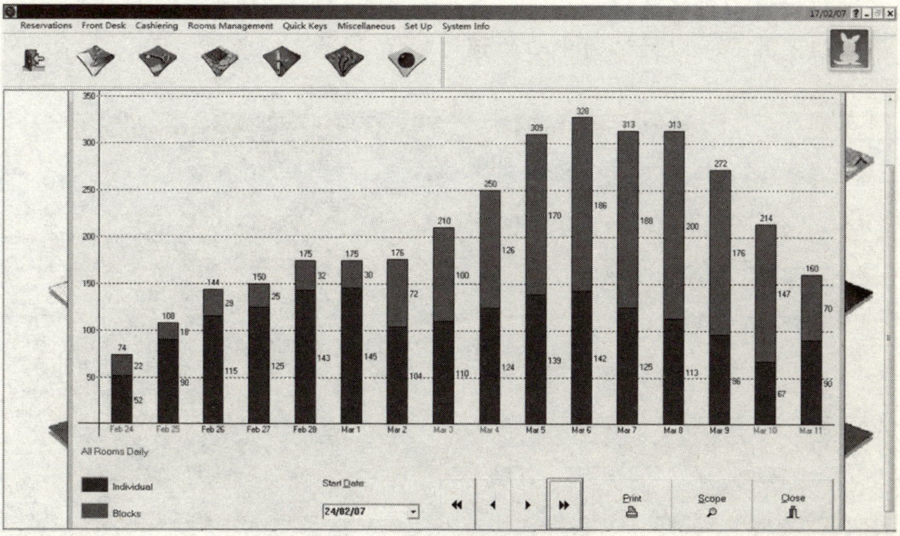

对复杂数据的分析,可以帮助酒店将收入最大化。1985 年,万豪集团开发收益管理系统,酒店进入收益管理时代。酒店追求的关键目标从出租率和平均房价

转化为每间可用房收入(Revenue Per Available Room, rev PAR)和营业总利润(Gross Operating Profit, GOP),图为Fidelio系统的出租－散客/团队比例图。

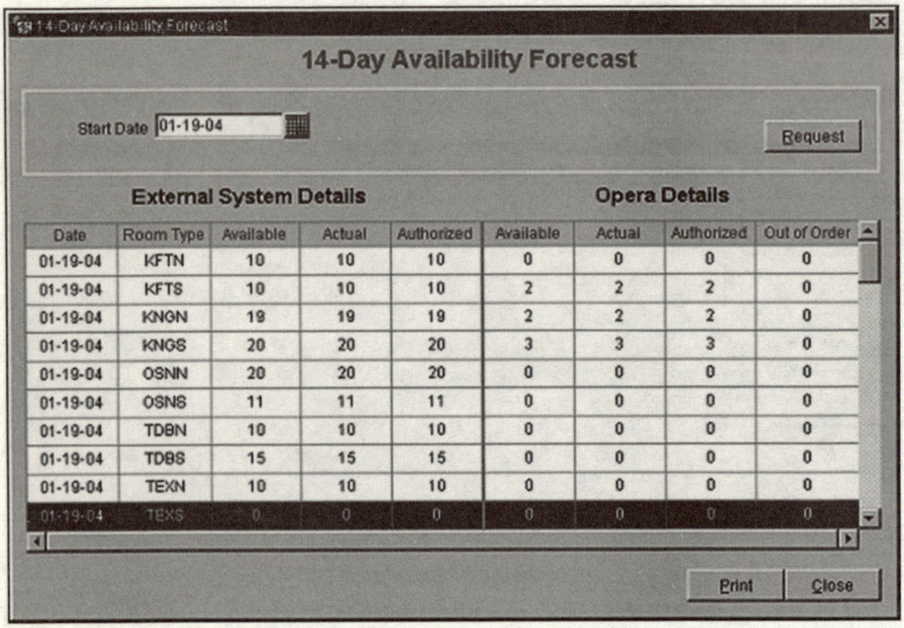

收益管理的分析结果依赖PMS系统的支持来严格执行,将收益管理系统分析的结果转化为销售策略,带动酒店收益提高,图为收益管理系统的计算值与Opera系统实际执行值的对比窗口。

第六组图片——以网络为中心的预订时代

```
CN BJS          ALL AREAS          TH  19NOV09-25NOV09     *SGL*
                                          AR TR  CUR
  1 SL+SWISSOTEL BEIJING HONG KONG MA       D  T  CNY
                                    =    10000.00-10000.00
  2 MC!MARRIOTT BEIJING CITY WALL           W  T  CNY
                                    =!     800.00-2100.00
  3 HY!GRAND HYATT BEIJING                  N  R  CNY
                                    =!    1900.00-3700.00
  4 SG!CHINA WORLD HOTEL                    D  T  CNY
                                     !    1700.00-3888.00
  5 BR!RENAISANCE BEIJNG CAPITAL HTL        N  T  CNY
                                    =!    1180.00-2880.00
  6 HY!PARK HYATT BEIJING                   D  C  CNY
                                    =!    2500.00-6850.00
  7 TS+NEW WORLD APARTMENT HOTEL            W  T  CNY
                                           380.00-980.00
  8 CP!CROWNE PLAZA ZHONGGUANCUN            S  T  CNY
                                    =!     711.00-3888.00
  9 TS+JUNNING INN HOTEL BEIJING            W  T  CNY
                                           393.00-613.00
MORE
```

1976 年，美国航空的 SABER 开始在第三方代理商安装，成为 GDS 的雏形。SABER、Galileo、WorldSpan、Amadeus 成为世界四大 GDS 系统，图为欧洲市场占有率很高的 Amadeus 系统。

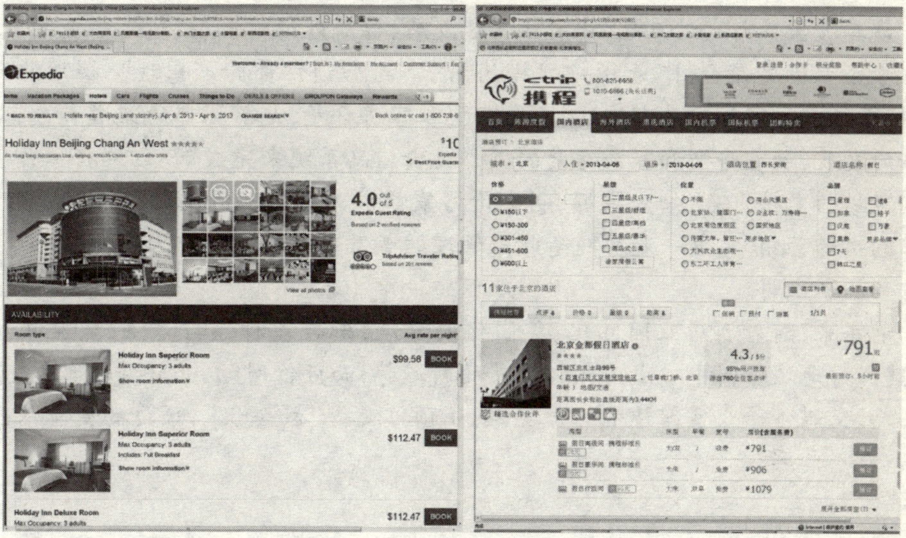

1996 年，Expedia 成立。Expedia、Priceline 和 Orbitz 成为三大互联网预订代理，在中国，携程与 Expedia 商业模式相同，成为酒店预订代理的龙头企业，图为北京某国际品牌酒店在携程和 Expedia 的对比展示。

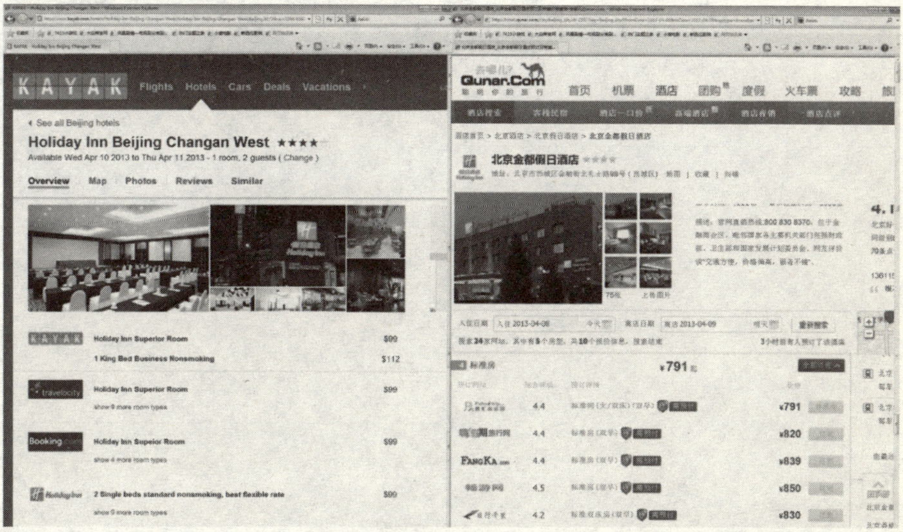

2004 年，Kayak 成立，成为旅游业垂直搜索引擎的开创者，在中国，与 Kayak 模式相同的去哪儿，已经成为本领域的实际领航者，图为北京某国际品牌酒店在

Kayak和去哪儿的对比展示。

结语:预订,今天的人们业已习惯了这项酒店服务,然而在酒店千年的发展中,预订却是个新事物,预订在酒店的发展史,本就是一部信息技术在酒店业的应用史。

第二次世界大战结束后,旅游业快速发展,伴随着通信业、交通运输业的发展,预订才登上历史舞台,随着预订规模的增长,酒店预订部开始出现。初期的预订部,忙于与前厅部和客房部沟通,确定房型和客房存量,是前厅部的组成部分;随着业务的发展,确定房型和客房存量的工作交由信息系统来完成,预订部将工作重点转到市场的支持上来,细分市场、制定价格策略成为主要职责,预订部就从前厅部转移到市场营销部,这一趋势随着收益管理的普及而演进,收益管理部门逐渐成为预订部的新上司。

近年来,随着酒店业国际化、集团化的发展,融合多种预订方法,实施渠道管理,建立跨地域呼叫中心成为预订发展的新趋势,而评价网站、互联网技术、移动互联网、社交媒体等众多新技术的出现,也让预订变得“社会化”,预订的变革依然在继续……

第三章　外围设备的信息化

一个完全集成的酒店信息系统为管理提供了监控前台和后台各种活动的有效方法，酒店业务的其他领域也可以从中获益。尽管这些信息系统可以独立工作，但如果它们建立与 PMS 的接口，这些系统就能够更好地发挥其功效。接口使 PMS 可以访问各种系统，而不需要改变 PMS 的主要结构。

本章将详细叙述酒店管理系统的各种接口，其中主要接口包括：

（1）预订系统接口。

（2）POS。

（3）电话接口。

（4）门锁。

（5）客房控制（空调、灯光）。

（6）身份证扫描、公安上传系统。

（7）其他（自助设备）。

以上只是最常见的外围系统，许多酒店还根据自身需要设立了更丰富的外围设备，也需要 PMS 提供更加完善的接口，如顾客自助系统（Kisok）、视频点播系统（VOD）等。PMS 支持的接口种类和数量是 PMS 先进程度的关键指标，接口的多少也反映了酒店信息化的先进程度，例如：目前流行的 OPERA PMS 系统，分为全服务版（Full Services）、简化版（Express）和精简版（Lite）版本，这三个版本在功能上完全一样，唯一的区别在于开放的接口数量，全服务版没有数量限制，精简版可以开放 40 个，而 Lite 版本可以开放 20 个。随着世界各地的旅行者越来越习惯使用计算机，酒店行业信息化程度的不断提高，这一领域将呈现快速发展的趋势。

第一节　预订系统接口

预订是酒店业第一个实现信息化的领域，在 1958 年，喜来登就实现了电子化预订，1969 年 PMS 诞生后，酒店业把预订系统和 PMS 系统的自动对接作为酒店预订的基本功能，20 世纪 70 年代流行的全球分销系统（global distribution system，GDS）具备了自动接口的功能，各大酒店集团建设的集团中央预订系统（central reservation system，CRS）也具备自动连接 PMS 的功能，如万豪酒店集团的 MASHA、洲际酒店集团的 Holidex 等，大幅度降低预订的工作量，提高了预订的实时性。

但在中国，由于酒店以单体酒店为主，且中国酒店信息化的进程是“先有 PMS，后有预订系统（这里的预订系统主要指集团预订和第三方网络预订等）”，所以许多酒店并没有建立网络预订系统与 PMS 的自动接口，网络预订的背后依然需要人工操作，大幅度地提高了人工成本，也造成了预订相应速度不及时、价格更新缓慢和房间数量不同步等问题。

预订与 PMS 的接口，可以实现将预订系统（包括酒店官方网站、第三方预订平台等）与 PMS 系统自动对接，预订系统的信息可以直接进入 PMS 系统完成预订，从而实现预订的无人化，预订接口通常可以实现以下功能（图 3－1）：

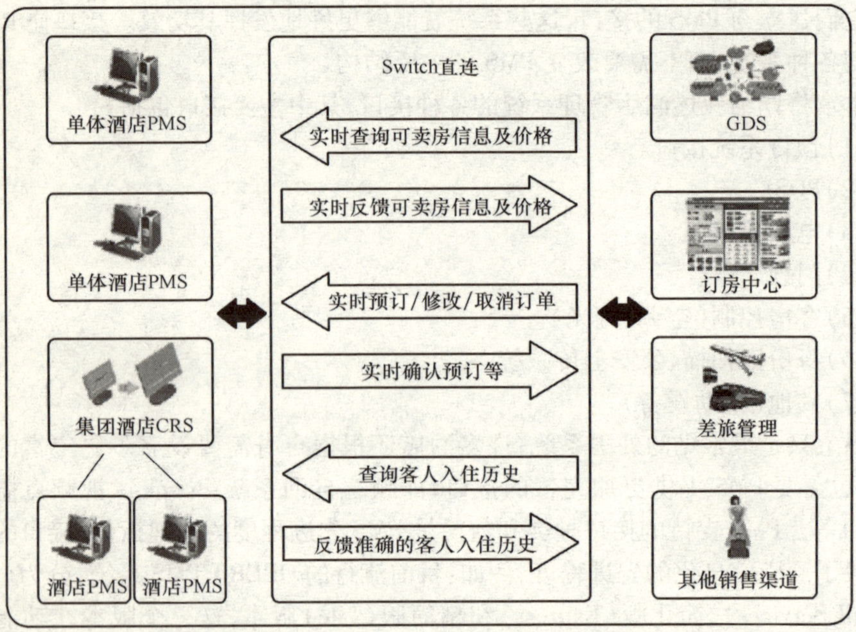

图 3－1 预订系统接口可以实现多种预订渠道的管理和实时操作

（1）新建预订。

（2）预订变更（通常必须将原预订取消后再次预订，以防止产生数据变更不及时的现象）。

（3）预订状态确认（依据客人入住与否可以分为入住 CHECKED IN、取消 CANCELED、未入住 NO SHOW）。

（4）佣金自动计算。

（5）管理众多网络渠道，包括新兴渠道的实时数据通信。

预订系统接口优化了预订的流程（图 3－2、图 3－3），大幅度提高了预订的速度，同时也改善了客户体验。在这一技术背景下，集团预订中心、区域预订中心等管理模式逐步建立。另外，在预订系统接口的建设过程中，由于预订网站、第三方预订平台与 PMS 分属不同企业，系统的兼容性是最重要的指标，而双向信息互通故障是最容易出现的问题，如万豪 MASHA 系统经过多年的使用，但 MASHA 与 Opera 系统之间的数据互联依然不够完美，从技术角度来看，预订系统、PMS 的融合开发是解决这一问题的有效途径，如 MICROS 公司（Opera 的开发商）开发的 Opera ORS（opera reservation system）可以将预订系统、Opera PMS 和 Opera S&C 系统进行连接，另外北京中长石基公司开发的畅联系统、上海德比软件开发的 DHotelier 在兼容性方面也有不错的性能。

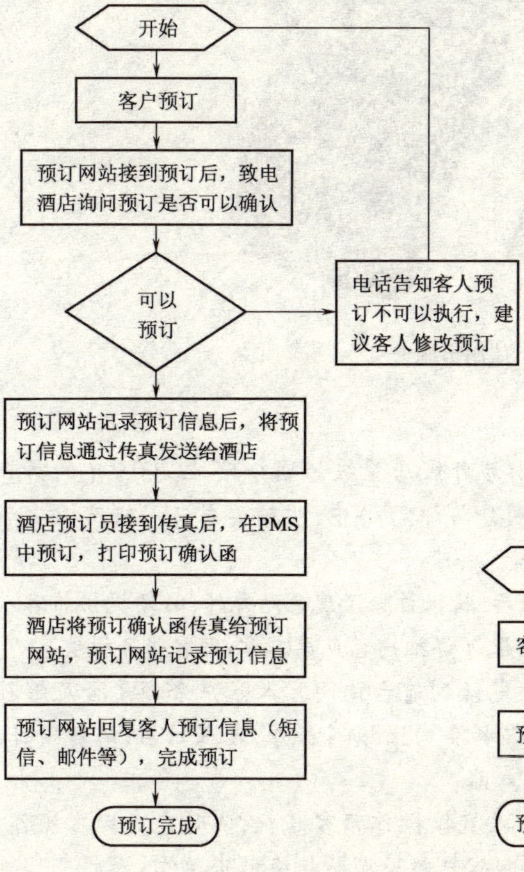

图 3－2　不使用预订系统接口的预订流程

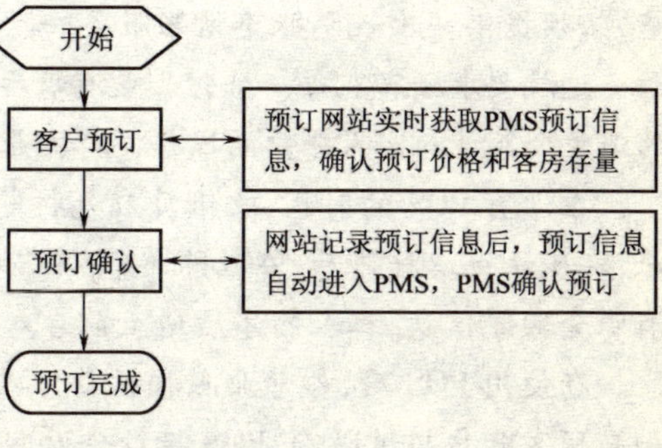

图 3－3　使用预订系统接口的预订流程

第二节　POS 系统

POS（Point of Sales）原本的含义是销售节点，被广泛地用在零售、酒店等多个行业，在酒店业中，POS 是安装了收银软件的电子收款设备，可以被酒店运用在各个营业部门。这样的设备使得收银员服务与结账的效率更高。更重要的是,收银员可以直接操作顾客账户,完成抛账(Posting)操作,而不需要再使用烦琐的传统流程。

在中国,POS这个词除了用来被描述销售节点,还用来指信用卡设备(图3-4),在本书中,POS特指酒店营业区域使用的营业点。

图3-4 信用卡刷卡机

【行业透视】

在1993年国家旅游局颁布的《旅游涉外饭店星级的划分》(在2003年的第五版中,该标准名称修改为《星级饭店的划分与评定》)中,明确要求三星级及以上酒店,必须提供一次性总账单结账服务。

这就要求顾客在每一个营业点消费后,收银员除了现金结算外,必须提供将客人的消费金额计入客人账户的操作,即"抛账"(详细内容见第二章:顾客账务模块)。

在没有POS的时代,收银员应先打电话到前台询问客人账户余额是否足够挂账,在确认可以挂账后,在挂账单(俗称"水单")上填写房号、客人姓名、消费项目、消费金额等信息,客人签字后送至前台入账。

在使用POS后,各营业点收银员可以直接操作顾客账户,实时完成抛账操作,如果顾客账户超过限额,POS接口会返回账户超限额而拒绝抛账操作。

酒店POS与PMS通过接口相连,数据就可以直接从POS系统传送到不同的前台模块和后台模块,以做进一步的处理(图3-5)。POS接口的使用极大地减少了转账错误,并将收费之后的工作量降到最低。与此同时,接口的使用使得每一次抛账都是"实时"完成,即抛账时间就是消费的发生时间,这又为酒店的决策提供了时间信息,如餐饮管理系统可以设定营业时段,将6:00~10:00的营业收入计入早餐收入,而10:00~14:00的收入计入午餐收入。

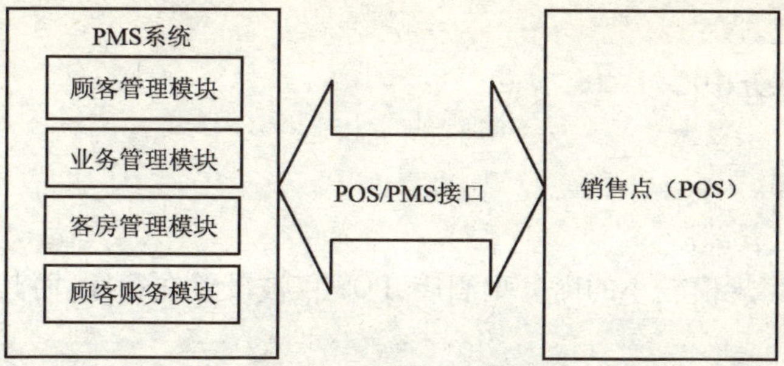

图3－5　POS/PMS的功能

POS/PMS接口是一个双向接口，不仅用于POS将消费信息传递给PMS系统，这一接口还需要传递以下信息：

(1)账单编号。

(2)顾客账户当前状态[是否是住店客人，状态是在店(Checked In)、离店(Checked Out)，还是客人是非住店客人(Pass By)]。

(3)顾客账户是否余额超过限额(High Balance)。

配合优秀的PMS系统和POS系统，不仅可以传递费用方面的信息，还可以传递顾客的消费信息，如将客人点餐明细记录在顾客管理模块，这样在客人下次入住时，就可以查阅顾客上次点餐信息，有效地提高顾客满意度。所以，POS/PMS接口还可以用来传递以下信息：

(1)顾客基本信息(如顾客预订电话号码，客人结算方式)。

(2)顾客消费信息(如点单明细、餐台号、用餐人数等)。

酒店POS系统在整个酒店的数目和使用位置取决于一系列因素，需要注意的是，一旦设置POS点，不仅意味着需要在开业时增加硬件设备购置费用和软件费用，也需要增加必要的人员开支。在POS设置时，需要考虑以下因素：

(1)业务的规模和类型(如酒店出售储值卡，尽管涉及营业收入，但由于发生次数少，金额大的特点，就没有必要设置POS，可以将该操作交由营销部或者财务部来完成)。

(2)实际情况限制(如有些酒店商场采用外包的营业模式，POS的设置就会因为账期等问题存在难度)。

(3)通信需求(如营业点是否有网络接口，如果是外卖营业点就很难提供稳定的网络接口)。

(4)安全考虑。

通常，一个大型度假酒店可能将POS放置在以下营业区域：

(1)餐厅。

(2)酒吧和休闲区。

(3)大堂吧。

(4)客房服务中心。

(5)商场。

(6)康乐部。

(7)客房送餐部。

而在另一家规模较小的商务型酒店,POS仅被设置在餐厅,而其他营业点是这样处理的:

(1)大堂吧(未设置POS,因为大堂吧消费大多采用现金结算,由于距离前台很近,个别的挂账操作由收银员将水单送至前台入账)。

(2)商场(外包,不接受挂账)。

(3)客房送餐和客房服务中心(未设置POS,直接操作PMS完成挂账操作)。

尽管PMS/POS接口给酒店带来了明显的好处,但除了硬件与维护的成本外,还有一些潜在的风险需要考虑在内:

(1)从POS传送来的数据可能不符合PMS的数据格式,即接口不匹配或不兼容。

(2)在PMS夜审时,可能导致POS的数据丢失。

(3)接口技术扩大了酒店信息系统的规模,存在潜在的故障点。

以上分析了POS接口的内涵与风险,但随着POS和PMS技术的不断成熟,POS与PMS的接口已经成为行业的通行做法,而选择成熟的PMS和POS产品也成为降低故障的有效方法。另外,随着酒店信息化的不断发展,POS设备将会不断丰富,从而进一步提高酒店的服务质量。

第三节　电话交换机系统

电话交换机接口是PMS与电话交换机之间的接口,用来将酒店电话费用进行计时计费、转账、统计等操作。一般来说,电话交换机接口可以实现如下功能:

(1)自动识别外拨电话。

(2)自动线路选择。

(3)识别特殊电话号码(400和800电话,声讯台等)。

(4)电话计费,为不同的电话机设定不同的电话费率。

(5)电话级别设定(如散客入住自动开通国内长途,团队入住仅开通内线电话,客人离店后一律关闭外线电话)。

(6)客房状态修改。

(7)客房mini吧入账。

(8)语音信箱。

不仅是顾客的电话控制,电话计费系统同时也控制酒店办公电话的计费、统计，用于酒店进行合理的成本控制。电话交换机接口给酒店带来了许多显著的优点，如：

（1）增强了顾客服务以及顾客满意度。

（2）大幅度减少总机接线员的工作。

（3）改进电话计费方法。

（4）降低电话费用支出。

（5）自动将电话费用转至顾客账户。

（6）自动的通话详细记录。

（7）详细的通话统计，如按照主叫号码、被叫号码统计，按照部门统计、时段统计等。

电话交换机接口减少了总机接线员的工作量，酒店的总机部门既减少了时间也节省了人力，另外，详细的通话记录减少了顾客对话费的争议，提高了酒店结账操作的时间，使前台业务更加流畅。

随着信息化的不断发展，在酒店通信领域，两个重要的趋势不断涌现：一个是互联网的发展、移动通信流行使得客人对固定电话的依赖度大幅度降低，很多客人通过互联网软件进行交流（如 QQ、微信或者微博），而移动电话不但拨打更加方便，甚至资费也比酒店固定电话更低；另一个趋势是内部通信机制的多样化，如除了固定电话，现在的内部网络移动电话等，还有将内部通信、PMS、手机短信等进行融合的趋势。总之，依托电话交换机与 PMS 的接口，酒店可以实现更多信息的推送和更好的客户体验，酒店电话机已经成为酒店与顾客交互的新渠道（图 3－6），

图 3－6　带有大屏幕的电话机显示更多内容，成为酒店与顾客互动的新渠道——北京盘古七星酒店

如FCS公司发布的新产品MobileTel,可在客房里安装手提电话,客人离开房间时随身携带该电话,因此不耽误其接听客房来电,客人用手提电话呼叫后,客人的账面会自动显示话费。

第四节 电子门锁系统

电子门锁系统(electronic locking system,ELS)是基于计算机加密技术的客房门锁,用来代替传统机械门锁。电子门锁的安装需在酒店装修时实施,后期的更换往往会带来许多不必要的麻烦。

从外形和使用的介质来看,电子门锁分为多种,但从总体结构来看,分为离线式(off - line)和在线式(on - line)两种。这里的在线和离线主要指门锁与钥匙①制作设备(通常是一台计算机)是否通过线路相连。离线式中每一把门锁均是独立的,只需装入电池即可正常工作。而在线式中每一把门锁均通过专用线路与钥匙制作设备连接,在使用客房控制系统的酒店,门锁可以通过客房控制系统"间接"的与酒店PMS连接,也算作在线式的门锁,表3 - 1对在线与离线式门锁系统进行了对比。

表3 - 1 在线式与离线式门锁结构对比

	离线式门锁系统	在线式门锁系统
特点	门锁与钥匙制作设备独立	门锁通过线路与钥匙制作设备连接
门锁成本	高(每把门锁需要独立的控制芯片)	低(每把门锁不需要芯片)
施工成本	低(每把门锁独立施工,不需要布设线路)	高(每个门均需布设专用线路)
供电方式	电池供电,需定时更换电池 电池电量不足时,门锁将无法打开,有些型号门锁电池电量耗尽后会自动开门	线路供电,不需更换电池,但需要可靠的供电设施,否则停电系统将无法使用
时钟同步	需要定时同步	自动同步
安全性	高	高
优点	结构简单,施工方便 对供电系统要求低	线路布设成本高 需要稳定的供电系统 可以了解实时客房状态 不需要更换电池和同步时钟 可以根据客人状态对客房门锁实行动态管理
缺点	需要定期同步时钟 需要定期更换电池	对管理水平要求高 停电时,造成的损失更大

① 尽管电子门锁采用磁卡作为开门介质,外形与传统钥匙差别很大,经常被称为门卡,但为了习惯起见,在本书中依然使用钥匙的称谓。

从门卡介质来看,电子门锁主要分为IC卡(感应卡)门锁和磁条卡门锁。前者门锁价格低,但门卡较贵;后者门锁价格较高,但门卡成本很低,如喜达屋、万豪等酒店集团均使用磁条卡门锁,客人离店时可以将门卡带走(图3-7),实现门卡和会员卡的一体化,更有利于酒店的推广。

图3-7 感应卡门锁与磁条卡门锁

【行业案例】

刘先生9月1日入住酒店202客房,9月2日离店,前台员工为客人制作了钥匙,9月2日11:30分,刘先生匆匆赶回客房急着退房,却发现钥匙无法打开,客人急忙联系前台员工开门,刘先生等开门收拾完东西来到前台时,已经是12:30分,根据酒店规定收银员要求刘先生补缴半天房费,客人不满产生投诉。

除了密码不同步,电子门锁还存在时钟不同步的情况,即门锁制作设备的时钟与门锁内部时钟时间不同步,此时也会使门锁无法打开。这一案例中就是门锁的时钟同步问题。

理论上,刘先生客房钥匙会在9月2日12:00前有效,但由于长期没有做时钟同步,202客房的门锁时钟已经有了误差,客人11:30分开门时,202客房门锁时钟已经是12:03分,超过了钥匙的有效时间,所以客人的钥匙自然无法打开房门。

避免时钟误差的方法,除了选择高质量的门锁外,酒店应制定门锁管理规定,定期使用数据卡全面同步门锁时钟。

电子门锁系统一般可以产生不同等级的控制钥匙,如客房部员工使用的能够打开若干个楼层的钥匙(经常被称为"楼层卡"),还有用于酒店保安部的钥匙,还有能够打开整个酒店的钥匙(经常被称为master key)。与此同时,每一把门锁还拥有一把机械钥匙，用于在特殊情况下打开门锁（如门锁不同步、时钟不同步、电池耗尽等情况）。

电子门锁内部还具备安全机制，当客人房门没有闭紧或者房卡没有拔出时，门锁发出警告声音提醒客人。如果钥匙插在锁中的时间超过了规定的时间间隔，系统就会自动抹掉钥匙上的密码，以防止钥匙丢失产生的损失。

使用电子门锁的显著优点就是管理者可以查阅钥匙进出记录，这对于降低客房安全事故等方面效果明显。

【行业案例】

客人李先生一家入住了两间连通房（2501 和 2503），即两间客房中有一个相连的房门，客人打算父母住其中的一间，孩子住另一间。客人登记入住时他们领取了两间客房的钥匙，一同进入了第一间客房（2501），他们发现两间客房之间的门早已打开。第二天早晨一家人结账离店，在整个入住期间他们都没有使用过第二间客房的钥匙（2503 的钥匙）。

在这样的情况下，如果酒店使用的是离线式的门锁，当 2503 客房再次被售出，客人拿着前台员工给他制作的钥匙来到客房时，他的钥匙将不能打开房门（可以称为密码不同步），此时前台员工需要使用一种特殊设计的钥匙牌给客房门锁重新编程，这个过程一般被称为“同步”。

如果酒店使用在线式门锁，当 2503 客房再次被售出时，客人的钥匙依然可以打开房门，因为在线式门锁的钥匙制作设备与门锁保持实时通信。

图 3－8　使用手机作为钥匙

发展趋势

电子门锁领域是酒店普及率非常高的基本装备，而用来开门的设备逐步变得多样化，已经出现了客房密码门锁，客人可以在网上完成登记入住手续并获取密码，这样就可以不经过前台而直接进入客房。而通过物联网技术，将智能手机作为房门钥匙的技术也非常成熟（图 3－8）。

电子门锁的另一个趋势就是酒店会员系统、会员卡与门锁钥匙的融合，如杭州黄龙饭店当客人离店时，可以将房卡带走，带走的房卡就是会员卡，当客人下次入住时，只要身上带着会员卡，系统就会自动识别客人并办理好登记入住手续。

第五节　客房控制系统

客房控制系统，又称客房管理系统，是通过信息化手段，对客房供电系统、门锁、照明、空调、门窗开闭、电视等多个设备进行集中管理控制，并通过接口与 PMS 进行连接，是酒店设计和酒店信息化发展的新趋势。

在客房控制系统诞生之前，将客房的设备与 PMS 系统相连是一种"各自为政"的做法，如有的酒店将空调系统与 PMS 连接，做到客人入住后空调的及时打开，起到节能降耗的作用；有的酒店将客房门锁与 PMS 连接，实现门锁的实时控制。但随着客房设备的增加，这种分散的做法难度越来越大，客房控制系统的使用使各种设备的连接"集中管控"。

【行业案例】

作为同一业主的两个不同酒店，金茂三亚度假大酒店一、二期（即金茂三亚希尔顿酒店和金茂三亚丽思卡尔顿酒店）拥有非常相似的地理位置，而两家酒店分别使用了不同的客房设备的管理方法，是对比理解客房控制系统的优秀案例。

希尔顿酒店客房沿用传统客房门磁插卡取电系统，而丽思卡尔顿酒店客房采用了客房控制系统。

客房控制系统有两大节能措施：① 通过自动红外扫描探测有无客人来确定开断客房电源，这样可以避免因客人出门忘记拔出门卡造成的电能浪费；② 增加了阳台落地窗限位开关并接入客房管理系统，在阳台窗达到一定开度时，系统会自动把空调设定为低速运行以节约电能。

客房控制系统与门磁插卡取电系统相比有以下优势：① 有效节约电能；② 提高客房舒适度；③ 便于管理。

客房控制系统将各种客房设备集中管控，对于酒店提高服务质量、降低维护成本有较强的支撑作用，是未来酒店客房智能化发展的重要方向。

第六节　常见酒店外围设备与接口

模块	常见产品	网址
预订系统接口	美国 MICROS 的 ORS	www. micros. com
	中国畅联系统	www. chinaonline. com
	中国德比软件	www. derbysoft. com

续表

模块	常见产品	网址
POS	香港 Infrasys	www. infrasys. cn
	美国 MICROS	www. micros. com
	中国西湖软件 中国中软好泰	www. foxhis. com www. csshotel. com. cn
电话交换机	瑞典诺基亚－西门子	www. nokiasiemensnetworks. com
	美国阿尔卡特－朗讯	www. alcatel – lucent. com
	美国 AVAVY	www. avaya. com
	日本 NEC	www. nec. com
	中国华为	www. huaweidevice. com
	中国中兴	www. zte. com. cn
电话交换机接口	马来西亚 FCS	www. fcscs. com
	马来西亚 JDS	www. jds. com. my
门锁系统	瑞典 Vingcard	www. vingcardelsafe. com
	美国 SAFLOK	www. saflok. com
	中国爱迪尔(ADEL)	www. adel. com
客房控制系统	美国快思聪(CRESTRON)	www. crestron. com
	中国西安致远	www. automaneng. com
	中国金马	www. goldhorse. com. cn

【案例】

正确运用接口技术,提高酒店管理水平

某酒店是一家北京市的四星级度假酒店,拥有客房200间,客房部25人,每人每天完成12间客房的清洁。

某酒店客房部的工作流程和大多数酒店相同:楼层服务员清洁客房之后,需要告知客房服务中心,客房服务中心再通知客房主管,主管查房合格后在房态表中签字并送至客房服务中心,客房服务中心才能“放房”,即在PMS中将已经清洁好的客房状态修改为“清洁”。这样的工作流程存在以下的缺陷:

(1)由于酒店客人离店、入住时间集中,短时间大量的客房被清洁后主管没时间查房和放房,做好的房间无法销售,影响了客房销售,前厅部和客房部矛盾多。

(2)使用对讲机沟通效果差,由于员工许多说方言,经常出现房号修改错误而

引起顾客投诉,投诉后由于无法追溯员工互相推诿扯皮。

(3)客房部早班清洁高峰,客房服务中心只有2名员工,电话经常占线,引起客人投诉。

经过一段时间的调研后,酒店决定增加PMSI接口,通过该接口将PMS与酒店电话交换机连接,楼层服务员就可以通过电话直接修改房态,如208客房清洁完成后,员工直接使用208客房电话拨打××0035,在听到一声长"嘀"响过之后,PMS中的208客房被修改为"清洁待检查"状态,系统自动发送短消息给客房主管告知查房,主管查房后再通过电话直接修改房态为"清洁"。对于优秀的员工,可以直接授权修改房态"清洁",减少了查房环节。

在系统升级后,客房部效率明显提升,主要表现在:

(1)通过接口方式自动完成房态修改,系统根据来电号码判断房号,减少了出错的可能性,客人投诉降低。

(2)明显提高了工作效率,客房服务员人均客房数量提高到14间,减少楼层人员编制2人,减少客房服务中心人员2人,减少主管1人。

第四章　营业点信息化

尽管POS并不仅限于餐饮业，也可以用在酒店的其他部门，如康乐、水疗(SPA)、商场等，但餐厅毫无疑问是POS被应用最多的领域，所以许多人将POS认为是餐饮管理系统，需要注意这是两个不同的定义。POS系统由硬件和软件组成，硬件包括POS录入设备，POS打印机和POS结账设备，而软件协调硬件统一协作，完成销售点管理工作。

第一节　POS硬件

一、POS录入设备

POS录入设备是指完成服务员或收银员录入操作的操作工具。目前，常见的各种POS录入设备的对比如表4－1所示，有些POS设备连有现金抽屉。存在多个现金抽屉连接在一个POS机的现象，这样可以加强对现金的管理和控制，尤其是多个收银员在同一班次工作时，每个收银员都可以分配到一个单独的现金抽屉，在班次结束时便于进行收入审计。

表4－1　　各种POS录入设备对比分析

点餐方式	优点	缺点	图片
手工书写点餐	简单，低成本 培训周期短 点餐时记录速度快，可以使用缩写和简称等	服务送单需多处送单，人员成本高且会空岗 收银员依然需要入单，并未减少录入工作量 字迹经常难以辨认 无法记录上菜时间	
普通台式机	成本低廉，操作方便 操作速度一般	操作效率低于触摸屏，占用空间较多	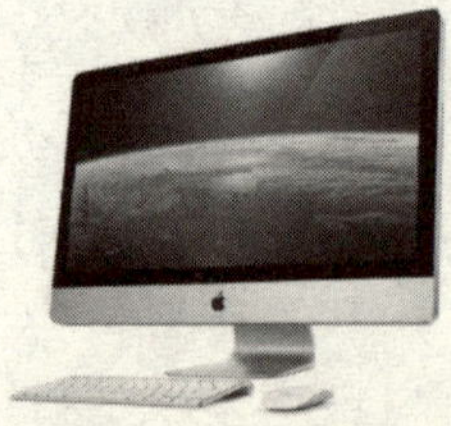

续表

点餐方式	优点	缺点	图片
触摸屏点餐	成本中等，可靠度高 操作速度快 点餐时记录速度快，可以使用缩写和简称等 流程规范，减少送单时间	成本较高 增加维护工作量	
无线设备——点菜宝	成本中等，可靠度高 操作速度较快 不能手工输入，不能定制	不能输入定制要求 需要单独设置信号基站 需要良好的设备维护和充电	
无线设备——PDA	成本较高，可靠度高 操作速度慢 可以手工输入	需要可靠的无线网络信号 需要良好的设备维护和充电	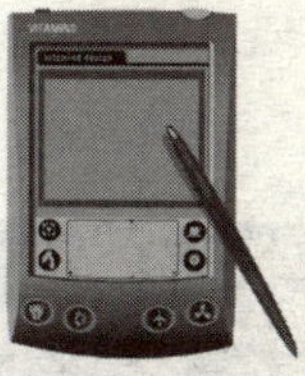
无线设备——iPad	成本较高，可靠度高 操作速度一般 非常直观、时尚 直接代替菜单使用，节省菜单制作费用，节能环保 提高点餐客户体验，可以结合其他应用，如游戏娱乐、观看菜肴制作过程等	可靠度与无线网络信号有关 需要良好的设备维护和充电	

在大多数连锁酒店中，触摸屏是使用最为广泛的录入设备，主流 POS 系统已经将触摸屏作为标准输入设备（如 MICROS 系统和 Infrasys 系统）。基于触摸屏的餐饮系统已经非常成熟，可以适用于所有类型的餐饮服务业务（从高星级酒店到麦当劳、肯德基等快餐业），包括可以由顾客自己下单而不用和服务员交流（图 4－1、图 4－2）。

触摸屏的一个明显好处是比传统 PC 机节省空间，可以挂在墙体、天花板上，这样它的使用就更加灵活，这对于空间紧张的餐厅来讲非常有效。

图 4－1　MICROS 的 POS 机

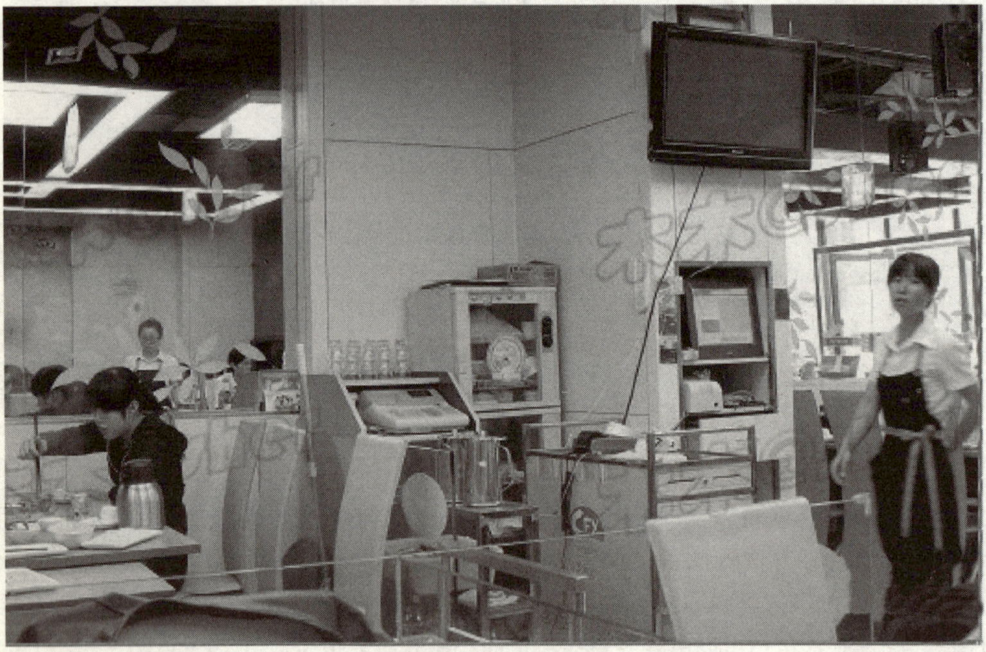

图 4－2　触摸屏的使用大大减少了空间需求

二、POS 打印机

餐饮信息系统中打印机分为两种：账单打印机（也称为本地打印机）和厨房打印机。账单打印机放置于收银台用于打印顾客账单、顾客点单明细；厨房打印机则被安装在厨房或者酒吧吧台，用于打印客人点单并由厨房人员开始制作。

餐饮信息系统中的打印机使得餐厅（经常称为厅面）与厨房（也称为后厨）的沟通发生了质变，餐厅服务员或者传菜员不再需要拿着手写的单据前往厨房各个档口送单，在加菜、催菜时，也不需要进行“往返跑”。在服务员录入单据后，账单打印机自动打出客人点单明细（可以一式多联，分别放置于客人台面、服务员上菜控制和收银等），厨房打印机根据菜品制作档口输出制作单据，如热菜、凉菜、面点等。账单打印机与厨房打印机并没有严格的区分，如某酒店当客人点酒水时，账单打印机不但打印客人账单（图 4－3），还可以打印收入报表（图 4－4）和各种单据。

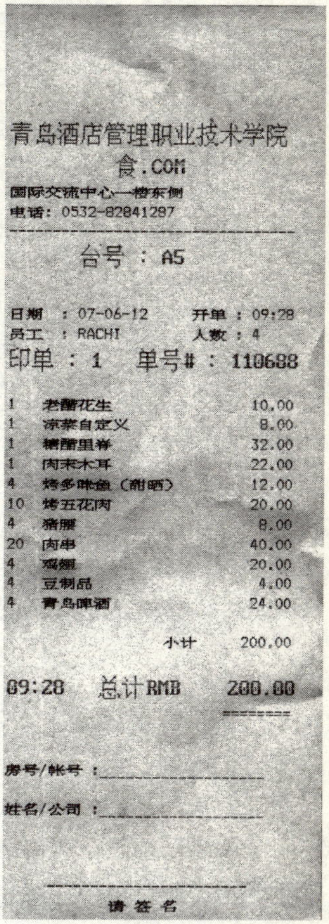
青岛酒店管理职业技术学院
食.COM
国际交流中心一楼东侧
电话：0532-82841287

台号 ：A5

日期 ：07-06-12　　开单 ：09:28
员工 ：RACHI　　人数 ：4
印单 ：1　　单号# ：110688

1	老醋花生	10.00
1	凉菜自定义	8.00
1	糖醋里脊	32.00
1	肉末木耳	22.00
4	烤多味鱼（甜晒）	12.00
10	烤五花肉	20.00
4	猪腰	8.00
20	肉串	40.00
4	鸡翅	20.00
4	豆制品	4.00
4	青岛啤酒	24.00

小计　200.00

09:28　总计RMB　200.00

房号/帐号 ：

姓名/公司 ：

请签名

图 4－3　POS 结账单（青岛酒店管理学院食.COM 餐厅）

1. 账单打印机

账单打印机（本地打印机）一般放置于收银台，多数账单打印机能够：

（1）即时打印账单。

（2）延迟打印账单。

（3）保留打印账单。

2. 厨房打印机

厨房打印机通常被放置在厨房的制作区域和服务吧台，当客人点单信息被录入后，相应的信息被发送至对应的厨房打印机上（如热菜发送至中厨房或者西厨房，而主食被发送至面点房或西点房，也存在某道菜需要多个厨房合作的情况，就会在多个档口出单，如京酱肉丝需要中厨房准备肉丝而面点房准备薄饼）。

无论哪种打印机，都需要相应的维护以保证系统稳定运行，收银员和后厨人员需要保证打印机的供电、网络畅通和纸张供应，以避免因不出单而导致的服务缺陷，对于非常重要的点单（如 VIP 客人电脑，客房送餐服务等），使用电话等方式进行再次确认是避免服务缺陷的有效做法。

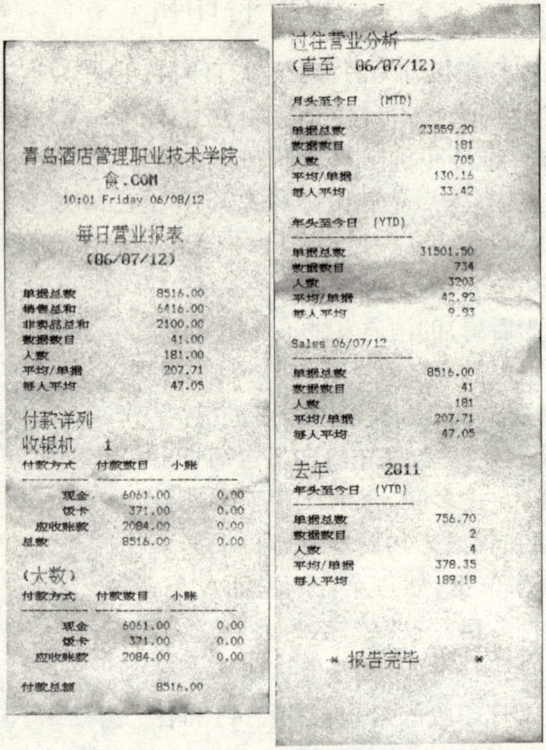

青岛酒店管理职业技术学院
食.COM
10:01 Friday 06/08/12

每日营业报表
(06/07/12)

单据总数	8516.00
销售总和	6416.00
非卖品总和	2100.00
数据数目	41.00
人数	181.00
平均/单据	207.71
每人平均	47.05

付款详列
收银机 1

付款方式	付款数目	小账
现金	6061.00	0.00
饭卡	371.00	0.00
应收账款	2084.00	0.00
总数	8516.00	0.00

(大数)

付款方式	付款数目	小账
现金	6061.00	0.00
饭卡	371.00	0.00
应收账款	2084.00	0.00

付款总额 8516.00

过往营业分析
(直至 06/07/12)

月头至今日 (MTD)

单据总数	23559.20
数据数目	181
人数	705
平均/单据	130.16
每人平均	33.42

年头至今日 (YTD)

单据总数	31501.50
数据数目	734
人数	3203
平均/单据	42.92
每人平均	9.93

Sales 06/07/12

单据总数	8516.00
数据数目	41
人数	181
平均/单据	207.71
每人平均	47.05

去年 2011
年头至今日 (YTD)

单据总数	756.70
数据数目	2
人数	4
平均/单据	378.35
每人平均	189.18

* 报告完毕 *

图4－4 POS每日营业报表

三、POS结算设备

POS/PMS接口是POS将费用转至顾客账户的渠道,如果POS在酒店餐厅使用,POS/PMS接口就是非常重要的结算模块。

第二节 POS软件

在餐饮信息系统中,硬件设备只是基础,POS软件指引着整个系统的运作,POS软件除了完成日常经营操作外(图4－5),还可以进行数据统计和报表生成,详细的POS软件将在第五章进行分析,最基本的POS系统包括以下重要内容:

(1)菜品信息。记录了餐厅的菜单信息,包括菜品编号、价格、出菜档口等;还包括菜品配方、材料和烹制时间等信息,用以进行餐饮的成本控制;同时也包括菜品数量、沽清信息,完成餐厅与后厨的信息沟通,减少服务缺陷的产生。

(2)菜品销售信息。记录菜品的销售数量、销售时间、价格等,便于未来的销售分析。

(3)员工信息。记录了员工姓名、账号、操作日志等,以便于未来的统计,当错误操作发生时,员工操作日志是检查故障发生点的重要依据。

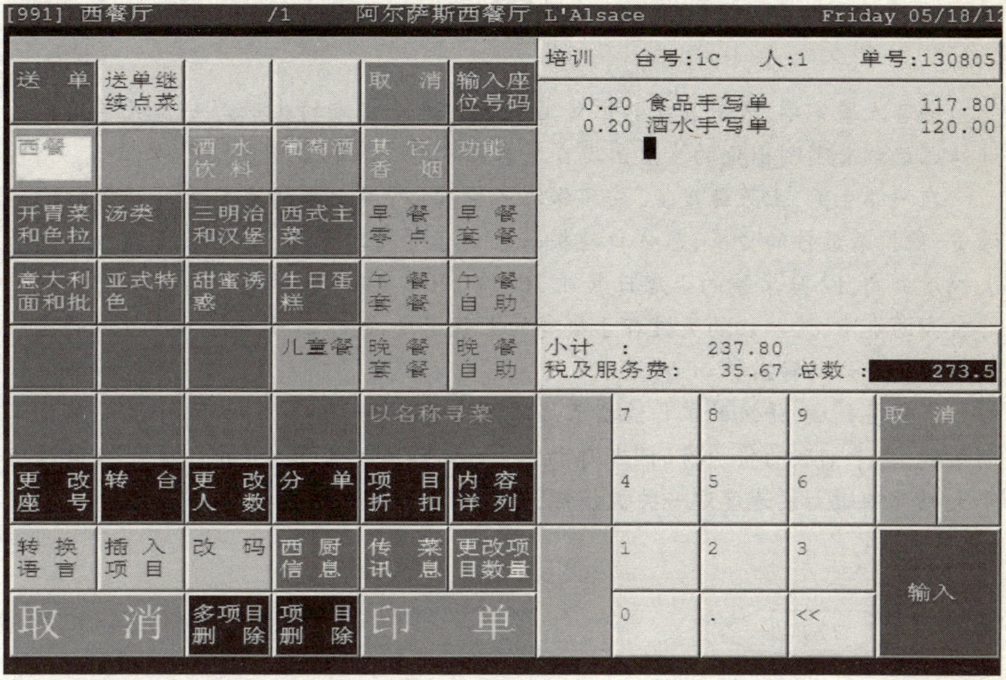

图 4－5　POS 软件点单界面——Infrasys 系统

第三节　常见的酒店 POS 系统

1. MICROS 系统

MICROS 系统是美国 MICROS 公司开发的 POS 系统,使用集团有万豪集团(9700)、雅高集团(3700)、凯悦集团等。

2. Groumate 系统(Infrasys)

Groumate 系统是香港 Infrasys(现化)公司的产品,所以也经常被称为 Infrasys 系统(图 4－5),该公司已经于 2007 年被石基公司收购,使用集团有香格里拉集团、喜达屋集团、洲际酒店集团等。

3. 国产软件(高星级酒店)

在本土高星级酒店,POS 一般由 PMS 供应商一同提供,如西湖软件、中软好泰等。另外从技术上,国产 PMS 可以搭配 Infrasys 系统,但由于观念、成本等方面的制约,这一方案使用较少。

【案例】

信息技术与工作流程相结合　提升效率与强化质量共显现

——体验“零等待”上菜后的思考

顾客点餐完毕，选好喜欢的位置坐下后，“这是您点的生煎。”一位扎羊角辫的妹妹已经端着刚刚出锅的生煎出现在顾客面前——顾客坐下仅仅2秒。

在一品生煎，上菜速度快，菜品保温不需操心，端上来的生煎5分钟之后依然滚烫，维持着最佳的口感，客户口碑极好。由于等待时间短，餐厅供给能力得到了大幅度提高，12张桌子的小店日营业300单、700多人，餐厅质量与效率都达到了非常高的水准，这一切的关键在于极高的上菜速度，而信息技术与工作流程的深入结合则是一切的背后推动力。

在快餐领域，传统的工作流程已经沿用了多年，如图4－6所示，一品生煎变革的关键，在于彻底的将原有的“顺序执行”的工作流程变革为“并行执行”，通过变革大幅度缩短上菜速度这一关键指标，最终带动一系列的变革，其中有多个创新点（图4－7）：

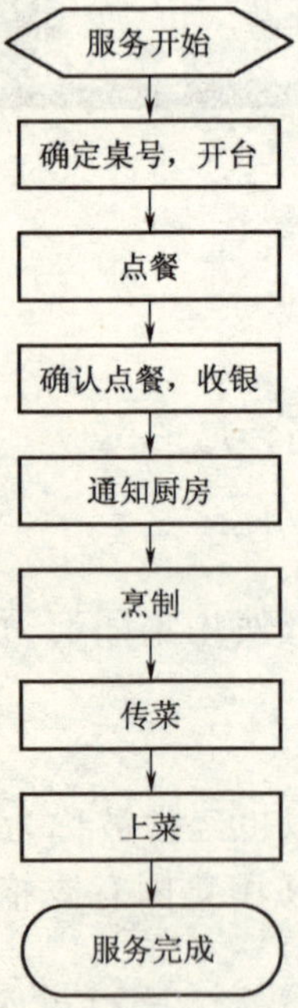

图4－6　传统快餐服务流程

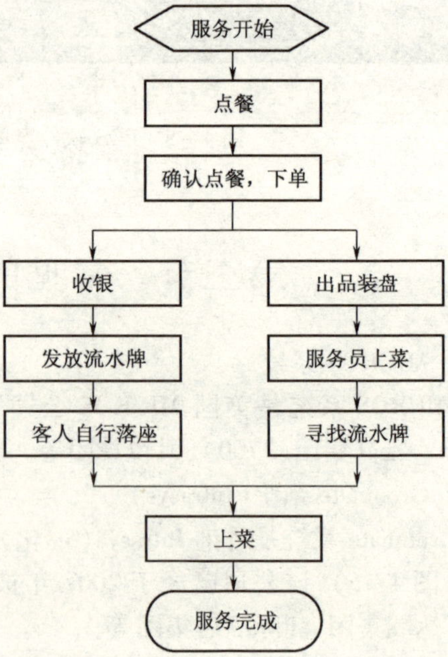

图4－7　改进后的服务流程

（1）餐饮沿用了多年的流程是“先点餐、后烹制”，而一品生煎的流程是“不管点餐、先行烹制”，通过这一方式将烹制时间降至最低。这一方法的核心在于预测每一时间点的需求数量，如果预测不够准确，就会出现菜品积压、菜品变凉、变质等后续问题，所以这一流程变革的核心在于预测，而预测准确性的保证来源于大量历史数据的积累，在这一领域的创新正是肯德基、麦当劳成功的核心。当然，快餐业出品的品类控制也是这一方法的前提条件（图4－8）。

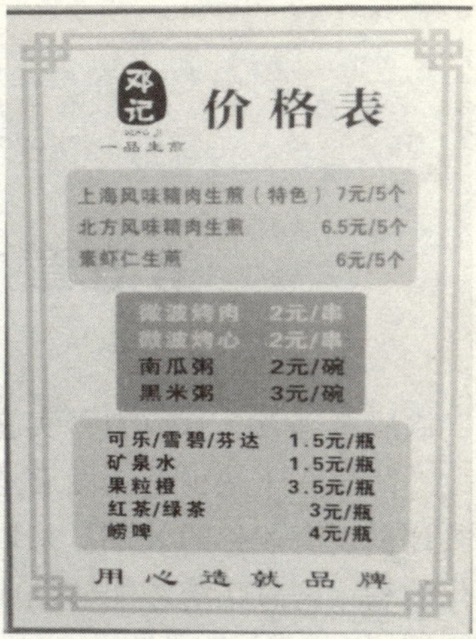

图4－8　预测是“按需生产”的关键环节，产品数量控制有利于降低预测的难度

（2）第二个创新是将客人和台号分开，点餐、结账都不是基于台号完成而是基于流水号完成的，客人进店之后可以不用先分配台号，直接开始点餐，进一步提高了服务效率，点餐结束后收银员为客人发放流水号牌（图4－9），传菜员寻找流水号牌直接上菜，传菜员与服务员合并，进一步提高了服务效率。

（3）第三个创新改变了结账顺序，快餐业的通常流程是“先结账，后下单”，而一品生煎改变了这一流程“先下单，后结账”，这一方面是由于客源素质的提高，“点餐后拒绝付账”的概率大大降低；另一方面也是由于快餐店出品数量少，万一出现有人后悔也可以迅速消化。

总而言之，一品生煎餐饮店充分发挥信息技术的作用，将信息技术的运用和工作流程的优化深度结合，把信息化的效用发挥到极致，提供了全新的餐饮体验，也带来了超高的工作效率，据顾客两次用餐的不完全统计，该餐厅每日用餐人数700人左右，整个厅面只有1个收银员和1名服务员，每日营业额10000元左右。

图4－9　变桌号为流水号是变革的重要一环

一品生煎餐饮店的流程变革，充分发挥了信息化的威力，对行业企业信息化具有很好的借鉴意义。

第五章　餐饮管理信息化

酒店管理者一直致力于实施成本控制的同时提高营业收入，而实施这些工作最大的障碍在于缺少关于酒店业务详细、及时的信息，管理者需要准确、及时的信息去评估现有业务的效率。采取手工方式收集详细信息的成本非常高昂，只有信息化的餐饮信息系统才能够低成本地提供准确、及时的信息，以便于提高营业收入和实施成本控制（图5－1）。

不少从业者将销售点（POS）系统等同于餐饮信息系统，这是一个有待深入探讨的概念，POS点产生了大量营业信息，并通过POS/PMS接口传递至PMS系统，但POS还保存了大量基础信息、工作信息，如：

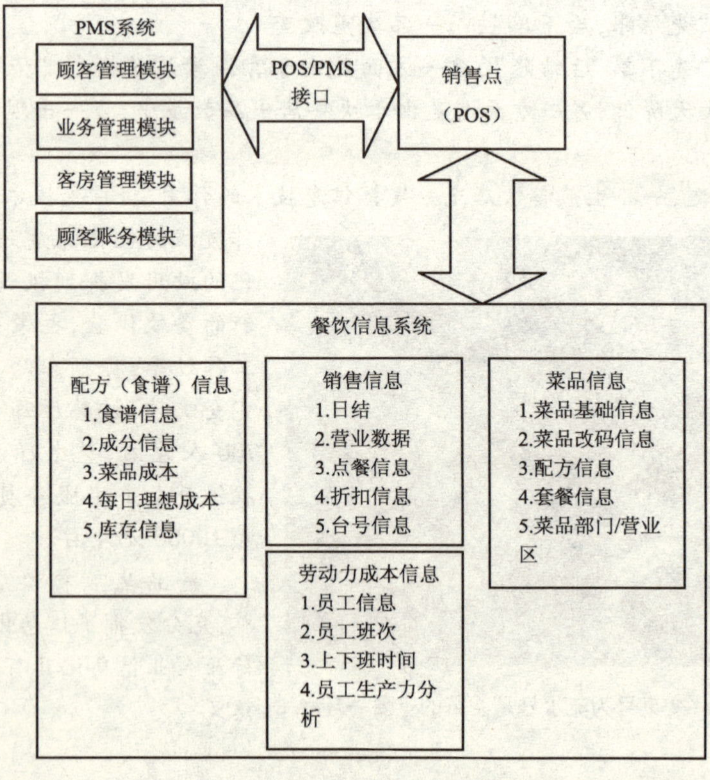

图5－1　餐饮信息系统的功能与结构

(1)菜品信息。

(2)销售信息。

(3)配方(食谱)信息。

(4)劳动力成本信息。

可以说,与 POS 不同,餐饮信息系统不仅是产生收入的工具,更是成本控制的利器。成熟的餐饮信息系统,除了完成点单、收银操作,更可以帮助酒店管理者实施成本核算和控制,而控制的内容不仅限于可变成本(如原材料、辅料),更可以提高不变成本的使用效率(如人力成本)。

第一节 菜品信息

菜品信息是餐饮业最基本的信息,其主要包括:菜品基础信息,菜品改码信息,菜品部门/营业区,配方信息与套餐信息。

1. 菜品基础信息

每一个餐厅的产品(尽管该产品有可能是一道菜品或者一份酒水,也有可能是场租、破碎赔偿、外卖餐盒等,但在本书中把所有餐厅的产品都称为“菜品”),都需要在餐饮信息系统中进行设置,其中包含的信息有(图 5 - 2):

(1)菜品编号(用于标识菜品,可以结合红外条码扫描系统实现迅速入单)。

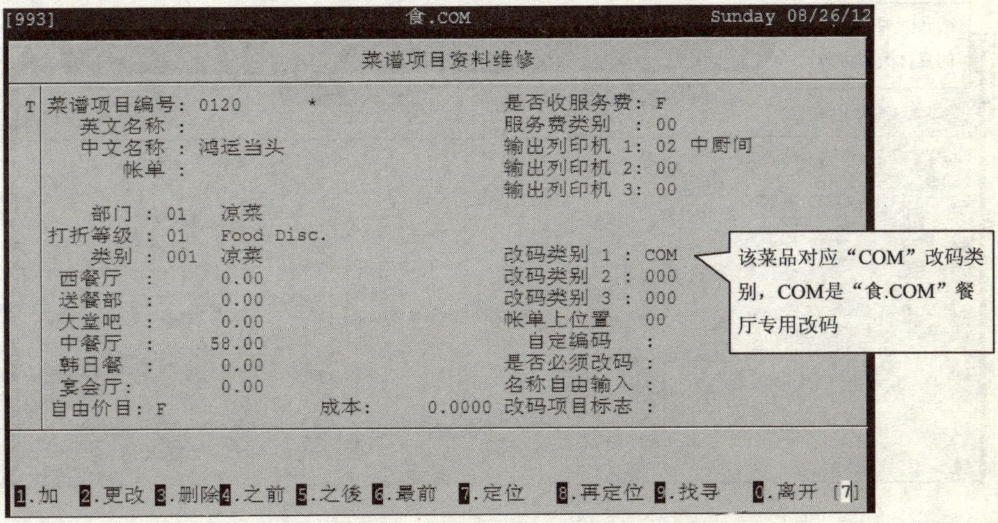

图 5 - 2　菜谱管理——菜品基础信息(Infrasys 系统)

(2)菜品名称(英文名、中文名)。

(3)部门(用于报表分析时的统计,如分类统计菜品、主食、酒水的营业额)。

(4)类别(用于点餐时的区分,如开胃菜、头盘、主菜、汤品、甜品等,对于厨房制作时非常有用)。

(5)折扣等级(用于对折扣权限进行控制,如海鲜、酒水不打折;如代购不打折)。

(6)价格(菜品在不同营业区域的价格可以不同,如客房送餐的价格比餐厅的更高)。

(7)打印机信息(根据该菜品的制作部门,由不同的厨房打印机出单,也存在一些菜品需要多台厨房打印机出单的情况,前面已讲过,此处不再赘述)。

(8)改码(即客人对菜品的特殊要求,既有关于菜品的,如牛排的火候、配料,也有关于客人口味的,如不要葱、姜、蒜、八角等)。

(9)在基本信息之外,菜品还可以设置"自定义",即菜品名称、价格等信息可以自由输入,这样就可以应对客人的非常规菜品要求,需要注意的是,使用自定义会降低 POS 操作的速度,需要在管理中特别注意。

2. 菜品改码信息

改码信息中存储了顾客对菜品的特殊要求(图 5－3),对应菜品信息中的改码信息,改码既可以用来描述客人对菜品的口味要求,如不放葱、姜、蒜、香菜,不放辣椒等,也可以用来对菜品进行定制,比如牛排的成熟度、蔬菜的做法等(图 5－4),对于时令蔬菜,经常使用原材料加上烹制方法改码来实现,如菜品选择生菜,在改码中选择做法清炒、蚝油、蒜蓉、白灼等。

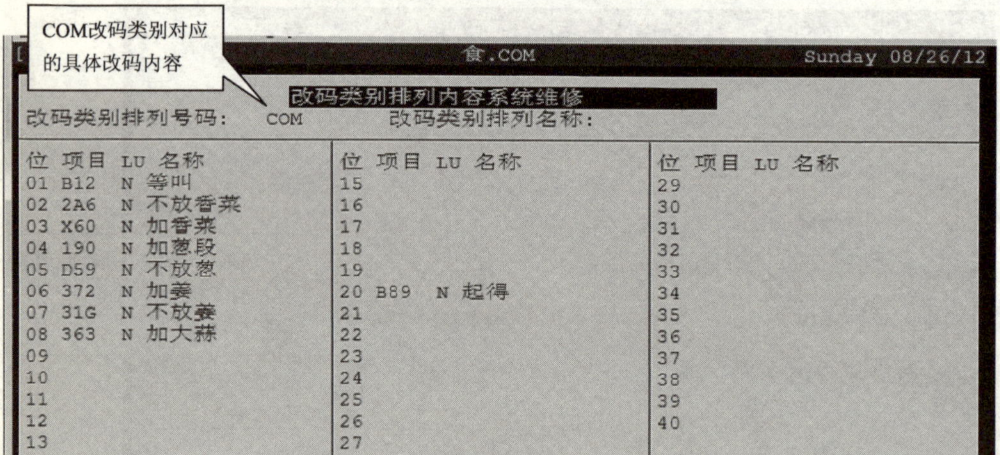

图 5－3　改码类别 COM 的设定

3. 菜品部门/营业区

菜品部门/营业区是菜品与各营业区的对应关系,如有些酒店西餐厅与中餐厅只提供西餐菜品和中餐菜品,而有些酒店可以在西餐厅进行中餐菜品的点餐,这些

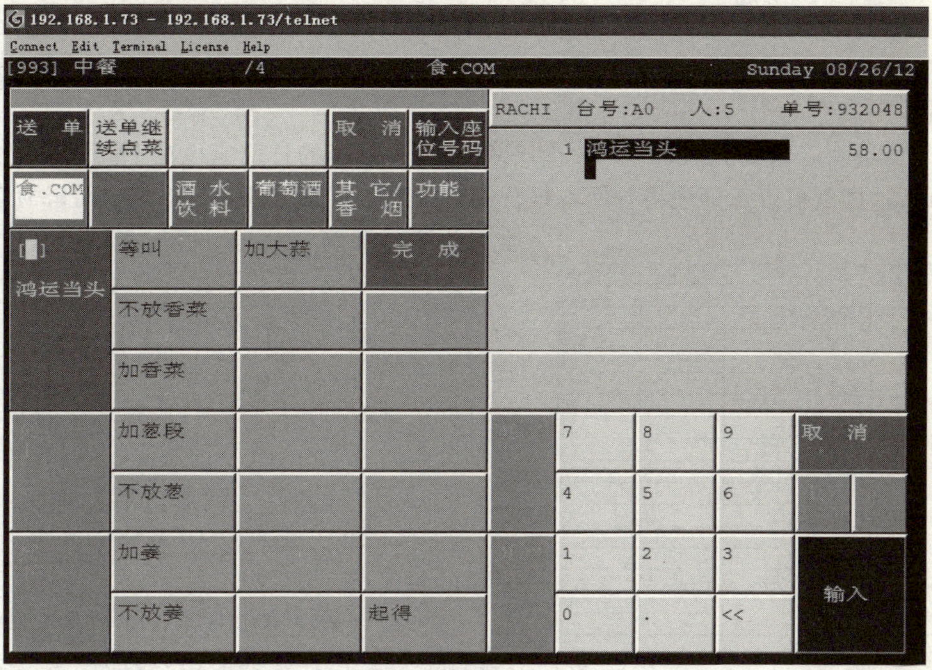

图 5－4　点餐时对菜品进行改码设定

需求可以通过菜品部门/营业区对应关系来设置。

4. 配方信息

配方信息是指各菜品的原料成分，正确输入配方信息后（图 5－6），餐饮管理系统可以根据菜品销售量对原材料使用情况进行计算，并结合采购库存系统中的原材料价格计算理想的菜品成本，是餐饮成本核算时的重要功能。

5. 套餐信息

套餐是酒店为了取得长期用户并实现利益最大化，而采取的一种销售形式，是多个产品的组合。餐厅可以预设套餐，餐饮管理系统可以将套餐销售分解为菜品，以便于实现销售统计和成本核算。

第二节　销售信息

餐饮信息系统存储和维护餐厅业务相关的数据，其本质是将菜品信息与菜品销售情况进行关联。与 PMS 不同，餐饮信息系统以日结作为经营结束的标志，日结后，生成并打印餐厅日营业报表，汇总一天的营业情况（图 4－4），日营业报表包括日营业额、桌（单）数、用餐人数、每单金额、人均消费等信息，与 PMS 建立接口的餐饮系统，还可以提供 PMS－POS 接口信息数据查询，用以分析用餐客人将费用转至 PMS 和应收账户(City Ledger)处理的情况。PMS – POS 接口提高了整个系统的复杂度,客人的支付方式将影响营业日报表的数据,如客人现金结算、住店客人将费用计入 PMS 中房费、客人将费用计入 PMS 中应收账户,都会影响营业报表的数据。

如果酒店建立了 PMS – POS 接口,餐饮信息系统的日结应该在 PMS 日审之前完成,这样就可以正确地将餐厅本日营业信息汇总至酒店营业日报表,保证酒店营业日报表的准确与及时。但很多酒店餐厅营业时间持续较长,为了不影响日审的进行,酒店的变通处理方法是夜审早于餐厅的日结,在这样的情况下,酒店营业日报表存在隔日统计的情况,即今天酒店营业报表中反映的是部分餐厅/营业区域今日营业收入(夜审前已经完成日结的餐厅/营业区域)和部分餐厅/营业区域昨天营业收入(夜审前尚未完成日结的餐厅/营业区域)。

餐饮信息系统可以从多个角度统计和分析销售数据,包括消费时段、营业区域、销售员、菜品种类等,给餐厅管理人员提供多种分析维度,如按照时段划分,可以分析不同餐别(早餐、午餐、晚餐、下午茶、宵夜)的销售情况,根据菜品销售量划分,可以分析不同菜品的销售情况,便于及时更新/删除菜品或者对菜品进行价格调整和改良,销售信息是餐厅菜品调整、价格变化和促销活动的重要依据。图 5 – 5 展示了一张菜品销售量报表。

菜品编号	菜品名称	销售量	收入金额
101	鲍汁扇贝	1	28
102	黄瓜猪脸	9	162
104	酱牛肉	15	329
105	白菜拌蜇皮	1	16
106	果仁苦菊	26	250
107	马家沟芹菜拌	8	90
108	木瓜百合	19	304
109	乡村小木耳	6	72
110	手撕风干鸡	5	100
111	老醋花生米	41	403
112	凉拌黄瓜	24	192
113	皮蛋豆腐	12	144
114	大丰收	9	162
115	油炸花生米	5	35
117	青岛凉粉	5	50
118	辣根木耳	1	12
120	鸿运当头	2	116
199	凉菜	22	337
201	爆炒双花（大	1	32
202	沙茶牛腩煲（	1	35
203	铁板牛柳（大	23	815
205	香辣大排（大	3	82
207	脂渣白菜烩饼	3	126
208	家乡炒土鸡(	10	372
209	干香辣子鸡(	12	335
210	油炸冰淇淋	5	140
211	香椿炒山鸡蛋	4	120
214	风味牛排	5	189
216	新派毛血旺(	11	452

图 5 – 5　POS 生成的菜品销售量统计报表(按菜品编号排序)

第三节　配方管理与成本核算

成本控制始终是餐饮管理的核心内容,与客房不同,可变成本在餐饮成本中占据主要部分,对餐饮原材料的管理和控制就成为餐饮成本控制的核心。配方管理是根据菜品的成本卡,对每道菜品设定配方(图 5 – 6),这样餐饮信息系统就可以根据菜品的点击量来计算原材料的理论使用量,结合原材料成本,计算出每道菜品的理论成本总额、毛利率等关键参数。将每道菜的理论成本与菜品的销售量相结合,餐饮信息系统就可以动态地得出理想成本(或最优成本)。

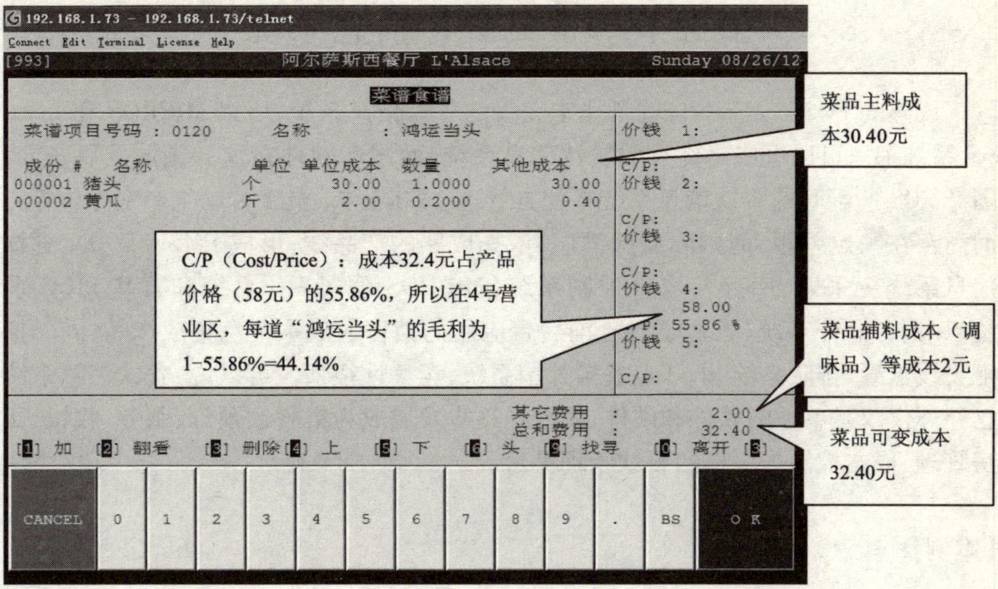

图 5-6　菜品“鸿运当头”的配方(食谱)信息

之所以称之为理想成本,是指这是在理论状态下的成本总额,由于各个方面的原因,如物料的损耗(既包括合理损耗,如切配中的损耗,酒水的损耗,也包括非合理损耗,如客人投诉、退菜导致的菜品成本提高),实际的成本通常会高于理想成本,但通过餐饮信息系统所给出的理想成本与实际发生成本的比值,就可以大致反映酒店餐饮成本控制的水平,而努力使实际发生成本趋近于理想成本的过程,就是餐饮成本控制的主要工作。

配方管理使得每日酒店消耗的原材料可以及时统计,给酒店采购提供了方便。由于市场行情的波动,采购价格也经常发生变化,将餐饮信息系统与库存采购系统进行连接,直接读取采购系统中的采购价格,就可以精确、实时地实施餐饮成本核算。

第四节　劳动力成本

员工成本是餐饮成本中的另一个主要组成部分,餐饮信息系统也为度量员工工作效率、实施劳动力成本分析提供了工具,系统根据服务员的上下班操作记录、点餐和收银操作记录,统计每一位员工的工作时间、点单数量、点单金额等信息,为餐厅管理提供更多的依据。

第五节 常见餐饮信息系统

成熟的 POS 产品，本身就是非常完善的餐饮信息系统，所以 MICROS 和 Infrasys 系统都以可以看成是优秀的餐饮信息系统，而国产软件在这一领域发展较弱，国产 POS 所配套的餐饮信息系统在配方管理、成本分析、员工劳动生产率分析等方面尚存在一定差距，而国际品牌酒店，依托成熟的产品线，形成 PMS + POS + 餐饮信息系统 + 采购、库存与成本控制系统（MICROS 公司 MC 系统和石基 PICC 系统）+ 财务总账系统，打造了融合前后台应用的销售 - 成本信息集成产品，同时搭配无线点餐、排队系统、iPad 点餐等外围系统，竞争性很强。可以说，餐饮信息系统已经不仅仅是单独的软件和硬件，而已经逐步发展成为集餐饮预订、服务、收银、厨房管理、成本控制为一体的餐饮管理平台。

【案例】

提供顾客用餐体验　提高员工工作效率

——新加坡珍宝火锅信息化点餐系统

餐饮企业一直被视为“劳动密集型”行业，近年来随着酒店用工难度加大，餐饮企业如何提高服务效率并提供更好的顾客体验，成为餐饮业发展的重要难题。新加坡珍宝火锅店（JPOT，2012 年 8 月开业），依托信息技术，在提供优质顾客体验的同时，大幅度提高用工效率，78 个餐台、200 多个餐位，翻台率达到了 3 ~ 4 次，仅配备 6 名员工，平均每位员工看台 13 张，餐位 33 个（图 5 – 7），取得了良好的效果。

图5 – 7　珍宝火锅卫浴新加坡淡滨尼 1 号，主要针对年轻客户，服务快捷

在新加坡,劳动力的短缺非常严重,随着最新的政府津贴条例的颁布,越来越多企业倾向于寻求新途径,希望借助技术手段解决劳动力问题,珍宝火锅在这样的背景下引入了信息化自助点餐系统,78 个餐台各配备一台 iPad 点餐设备,借助技术手段,优化客户服务流程:

客人进店入座后,电子菜单(iPad)会从餐台弹出并显示菜单,客人浏览菜单并自助点单,之后客人招呼餐厅服务员,服务员与客人确认所点菜品后输入密码下单,点餐完成后,客人可以通过 iPad 预览"已点菜品"、查看账单甚至玩游戏(图5-8)。客人下单后,厨房立即收到订单数据,省却了餐厅员工收取并键入订单信息的工作环节。

图5-8　iPad 点餐设备安装于每一个餐台下方,客人自助点餐

借助自助点餐系统,珍宝火锅在开业当天的翻台率就实现了 2~3 次,其官方网站上也出现了很多关于对珍宝火锅及 Gourmet Menu 自助点餐下单的赞誉。珍宝 CEO(Ang Kian Meng 先生)对自助点餐系统给予了极高的正面评价,尤其是餐厅内 78 套电子菜单能够同时流畅地运行,让他赞叹不已。

珍宝火锅通过此项目的实施,收到了以下效果:

(1)降低成本。削减劳动力成本,只需 6 名员工即可顺利运营 78 个餐台,同时节省了传统纸质菜单的高昂制作费。

(2)提升客人用餐体验。向客人提供更体贴的服务,客人能够预览账单,还可以玩游戏、观看视频等。

(3)高效灵活。通过后台管理系统(CMS)灵活设置菜单,商户可以随时随地通过后台管理系统更新菜单和价格。

第六章　市场营销信息化

通常，酒店销售部和宴会服务部会产生多得让人难以置信的文件、合同。预测、销售、预订、报表生成是销售部员工的主要工作，占据了销售部员工每天的大部分时间。在信息化程度很高的酒店，完成需要耗费大量时间、成本高昂的工作都使用了信息化工具，酒店销售与宴会（Sales and Catering，S&C）管理软件体现了巨大的优势：

（1）快速、高效地完成各种乏味冗长的工作。

（2）及时获取各种销售信息。

（3）根据客户管理系统中的邮箱发送个性化的邮件。

（4）减少人工错误的发生，降低出错概率。

（5）降低员工培训费用。

（6）分析大量的信息来判断顾客喜好和预测顾客行为。

（7）增强酒店之间的沟通，为酒店集团化的销售活动提供了便利。

本章主要介绍酒店销售与宴会（Sales and Catering，S&C）管理软件，收益管理系统（revenue management system，RMS）。

第一节　预订部的信息化

在不使用 PMS 的时代，预订部一直是前厅部的组成部分，为了更好地控制未来的预订量，预订部更多的在于与前厅部进行合作。在使用 PMS 后，预订量的控制由系统自动完成，预订部的主要职责由“控制预订数量”变更为“执行更合理的价格策略”，收益管理在酒店得到了推广。在这样的背景下，预订部更多的成为销售部的组成部分。所以，预订部的隶属关系从原来的前厅部转为销售部，这一变革过程，既是酒店信息化发展的结果，也反过来推动了酒店销售部信息化的发展，成为酒店信息化发展的动因。

客户资料管理

客户资料为销售提供了信息支持，预订员可以方便地获取客人的基本信息、消费信息（客人收入、间夜数 Room/Nights、停留次数 Stays 等），为销售人员的工作提供支持。

预订系统

在酒店中，散客的预订通常由预订部完成，而团队的预订信息则有所不同。有些酒店依然由预订部来实施，在另一些酒店则需要上报销售部甚至市场营销部来统筹完成，这是由于团队预订带来了酒店客房存量的明显变化，有可能会“触发”酒店调价策略（如某著名国际品牌酒店共有300间客房，当预订客房数超过5%，即15间时，需要由市场营销部实施，市场营销部通知收益管理部门，收益管理部门及时调整价格，以期获得更好的收益），另外大型团队除了客房需求外，往往伴随着餐饮、会议方面的需求，由销售部来协调可能效果更好。PMS的使用可以实现客房预订的实时控制，因为每个配有计算机的销售员都可以即时访问客房控制信息（移动互联网的使用甚至使销售员使用手机、iPad等设备来了解这些信息）。预订和取消预订在发生的同时就被快速地处理——这甚至发生在销售员与顾客通话的同时，这将确保每个销售员访问到同步的数据，并且“确定的”、“临时的”预订将被清楚地标示以便于跟踪，防止出错。

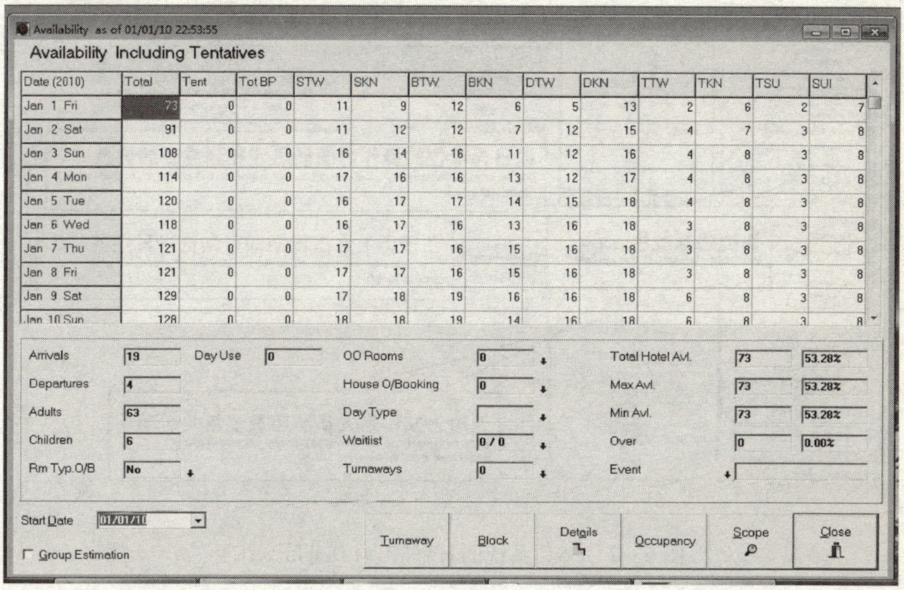

图6-1　客房控制信息对话框（Fidelio/Sinfonia系统）

图6-1显示了Fidelio（Sinfonia）系统的客房控制信息对话框，系统显示了每天可用于销售的各种客房总数、临时预订数量等信息，由于预订员、销售员、销售经理等人都可以即时访问最新的信息，客房销售就能够以实时方式协调。

当顾客的预订由于无可用房而不得不拒绝时，PMS可以在拒绝客人的同时将预订放入候补列表（Waitlist），如果有客人出现预订取消（Cancel），就可以将候补列表中的预订激活，酒店预订员需要致电顾客告知。对于最终拒绝的预订，PMS 会生成拒绝报告（Turnaway Report），这样就可以跟踪由于没有可用房而拒绝的预订，这在酒店扩建、集团新酒店选址时将成为重要的决策依据。

第二节　销售与宴会管理

销售与宴会管理系统是将酒店客房、宴会、团队销售一体化的专用软件，主要包含了以下功能：

（1）团队预订、销售员日程安排以及内部审核流程的标准化。帮助销售人员有效管理每日日程，帮助销售人员管理好销售活动、与客户的约见、在店团队并提醒他需要及时做出回复的团队业务，对销售活动进行跟踪，确保销售活动的效果（图 6－2，图 6－3）。

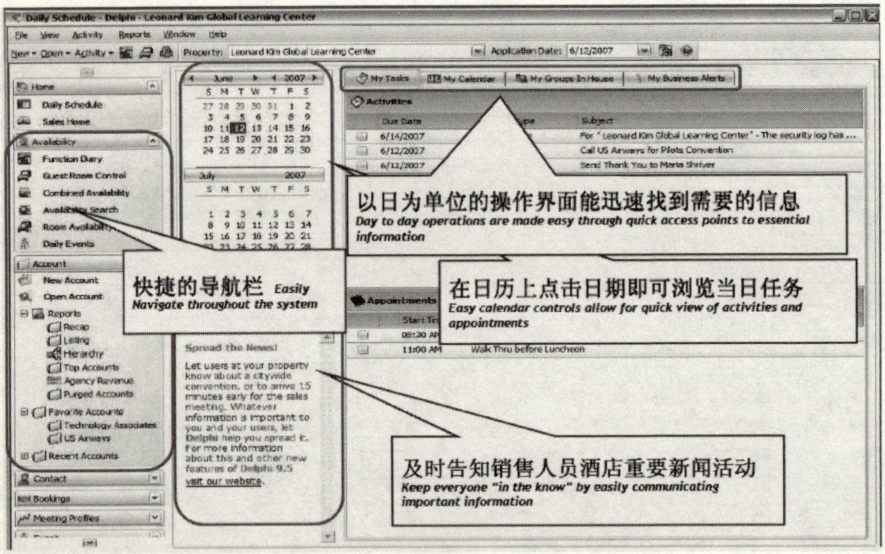

图 6－2　S&C 系统的日程管理（Delphi S&C）

（2）自动生成业务报表（销售活动、预测报表、大客户报表、销售业绩报表等）。

（3）模板合并功能，流水操作各项书面工作，如价格申请、封面、感谢信等。

（4）关键客户数据信息。

（5）资源设备详细清单的追踪。

（6）管理所有餐饮需求。

（7）团队需求管理集中化。

（8）团队管理，对于团队接待来讲，保持与领队（团队联系人）沟通的有效至关重要，S&C 系统帮助销售员完成这些纷杂的工作（图 6－4）。

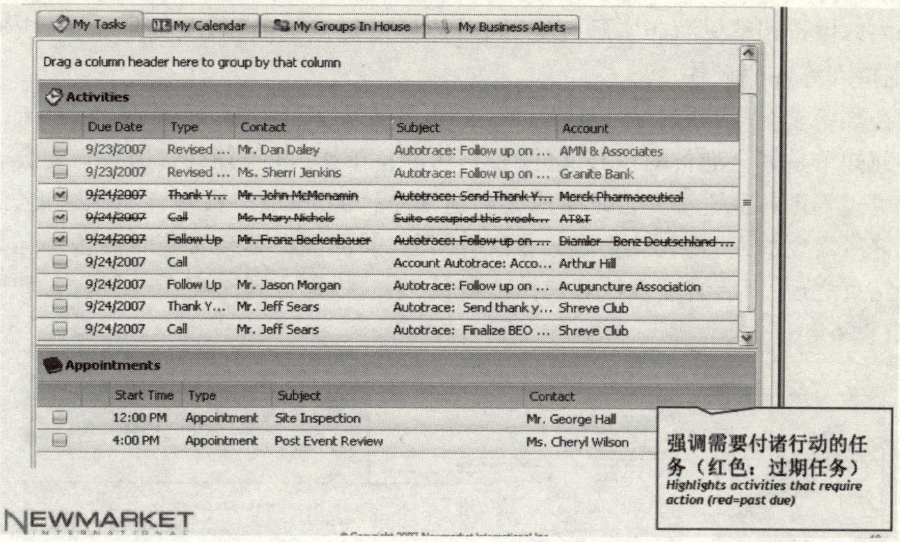

图 6-3　任务管理（Delphi 系统）

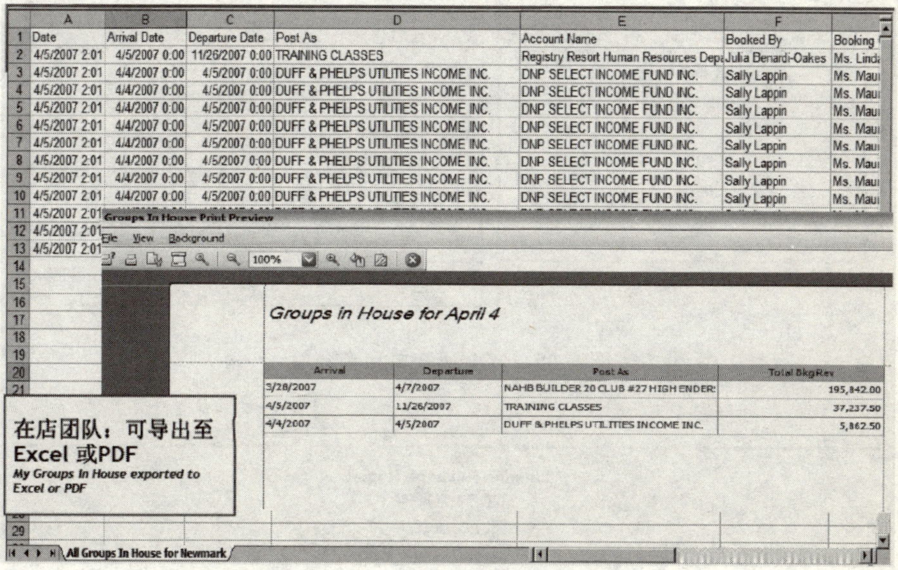

图 6-4　在店团队提醒功能

（9）宴会与节事活动（Events），包括 MICE，即 Meeting（会议）、Incentive（奖励旅游）、Conference（大型企业会议）、Exhibition（活动展览），在国内被称为会展，已逐渐成为酒店重要的客户来源，宴会与外卖服务也逐渐成为酒店重要的利润增长点。

在承办宴会时需要经历多个流程。首先，酒店提交一份或多份标准菜单供顾客考虑,客户既可以从中选定,也可以要求一个特殊的用餐计划,将标准菜单中的部分内容进行调整。酒店实施宴会,同时还可以提供物品租用、场地布置、庆典活动、主持人等各种服务。

在准备宴会时,被称为 EO(Events Order)或者 BEO(Banquet Events Order)的宴会通知单是宴会准备的核心文件,是一切准备工作执行的依据,销售与宴会管理系统可以管理各种资源并自动生成宴会通知单(图 6-5)。在宴会实施之前,酒店计划好所需要的人、物、交通、服务等所有物品,并保证在宴会实施时齐备。在宴会活动结束之后,酒店必须确认客户结清账目,系统根据合同对宴会进行收入和成本核算(图 6-6)。

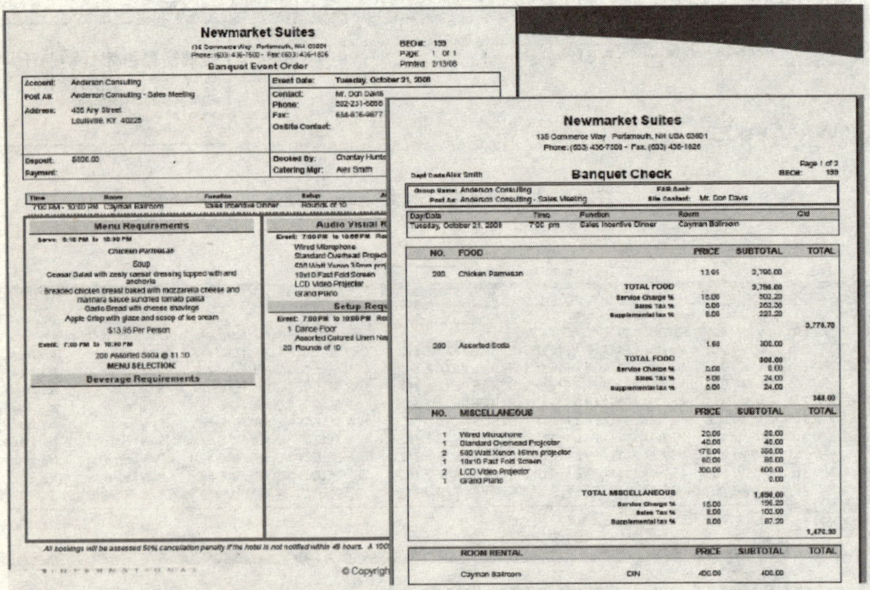

图 6-5 宴会通知单和宴会单

Catering Revenue Report 1

Newmarket Suites

2/14/2008

10:31:03AM

Event Dates From: 10/1/2007 - 10/31/2007

Catering Sources Selected: Include all

Combined Revenue (Combining Estimated With Actual Where Applicable)

	Food	Beverage	Subtotal F & B	Resources	Rental	Totals
Definites:	7,700.25	375.00	8,105.25	1,330.00	3,850.00	13,315.25
Prospects:	15,452.75	3,200.00	18,652.75	3,770.00	3,550.00	25,972.75
Totals:	23,213.00	3,575.00	26,788.00	5,100.00	7,400.00	39,288.00

Report was calculated using the following information:

Last Mod Date	Conversion Method
1/1/1980	Actual

图 6-6 宴会收入报表

第三节　收益管理

收益管理是一种谋求收入最大化的新经营管理技术，尽管它主要关注收入而不是利润，但由于酒店客房产品利润率极高，所以追求收入的最大化近似等同于利润最大化。它诞生于20世纪80年代，最早由航空业开发。美国航空公司通过对实施收益管理以来得到的巨大收益测算后宣布收益管理是“牟利的绝对重要的运作手段”，航空公司在最初使用的三年里获得了近14亿美元的收益。在酒店业，由于收益管理系统对公司决策和创利的巨大影响，世界许多著名酒店集团，特别是欧美的主要酒店集团管理层都对收益管理高度重视，先后建立了专门的收益管理部门，并配置了能进行大量数据分析和实时优化处理的计算机系统。万豪(Marriott)酒店集团就是收益管理最早的使用者，也是最大的受益者之一，万豪集团使用收益管理的案例请参见附录。

一、收益管理的实施

酒店业收益管理实施的两个最重要的方面为价格体系管理以及客房存量分配管理。价格体系管理是根据每个细分市场的不同特征，结合市场需求状况确定销售渠道、客房价格和与之相对应的限制条件；客房存量分配管理的目的在于决定为每个细分市场和渠道预留的客房数量。

酒店收益管理的核心在于预测模型，而预测模型的制定和完善有赖于大量精准的历史数据和对历史数据专业的分析，所以，PMS的标准化和广泛普及、价格管理体系的完善是收益管理实施的前提条件，在此基础上，酒店通过收益管理策略，可以有效地提高收入水平，增加利润，而信息化的收益管理系统的使用只是让这一过程更加规范。可以说，收益管理是一种经营理念，而收益管理系统则是这一理念在酒店业深入实践后的结果。

二、收益管理软件

虽然收益管理的单项任务可以人工进行，但处理历史数据和计算产出率统计的最有效工具仍是收益管理软件，收益管理软件能够结合客房需求和房价统计，制定营销方案以达到收入最大化。

收益管理软件并不代替经理做决定，它只是为管理决策提供信息和支持。由于收益管理常常十分复杂，市场营销部员工不会有时间人工处理大量的数据。很幸运，计算机可以存储、查询，并且根据影响客房营业收入的广泛因素处理大量数据。收益管理系统通常应具备以下功能模块。

1. 数据库接口与数据处理模块

收益管理软件需要获取、整理和分析大量的酒店经营数据，而这些数据通常存储在 PMS 数据库中，收益管理系统需要与 PMS 建立接口直接读取 PMS 中的数据。该模块功能包括数据收集、过滤与审核、数据合并，以 EZRMS 系统为例，该模块分析的信息包括：

- 历史入住率
- 历史预订及取消方式
- 收入
- 历史预订未到（No Show）、未预订直接到店（Walk In）及拒绝（Turnaway）
- 酒店历史的及将来的客房存量
- 价格结构（房价等级）
- 已有预订
- 入住天数信息
- 平均每间房客人数信息
- 周末/平日信息（Day of Week）
- 市场份额信息

2. 需求计算与预测模块

需求计算模块对数据处理模块获取的数据进行整理和运算，根据数学模型计算出趋势、征兆等，并将预测结果进行展示（图 6－7），运算时以下因素会被纳入考量因素中：

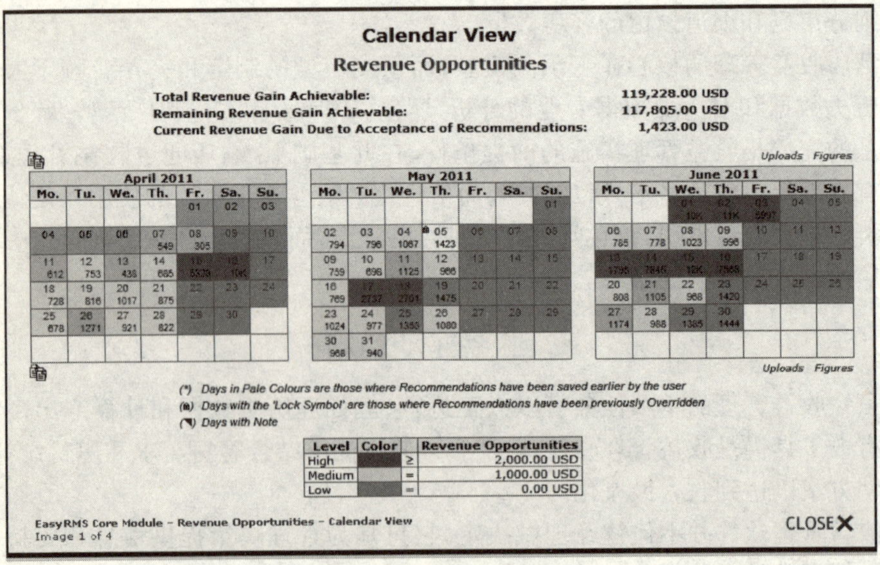

图 6－7　收益管理软件对未来市场机会进行预测并集中展示——EZRMS 系统

- 淡、旺季
- 周末/平日信息（Day of Week）
- 重复性及特殊事件

- 销售策略
- 市场份额
- 入住天数
- 客房销量
- 每间房平均客人数
- 预订及取消方式(Reservation & Cancel Reservation)
- 预订未到(No Show)
- 未预订直接到店(Walk in)
- 客房收入及其他收入

3. 优化模块

优化模块是酒店行业专家的智慧和独有的运算法则的结合。优化模块的目标是利用下列因素为收入管理提供一个最理想的方案:

- 入住天数的需求预测(及其不确定性)
- 现有预订(及其不确定性)的实际化及取消的预测
- 客房收入预测,入住天数控制带来的额外收入以及在某个价格结构等级下所售出房间的平均客人数
- 酒店存量控制
- 接受客人的策略(最后一间可卖房及酒店最大存量)
- 按照顾客来源(Source & Market)/分销渠道(Distribution & Channel Management)生成的建议

4. 存量控制方案及建议

在优化模块的基础上,收益管理软件最终提供收益方案(图6-8)。

- 计算出每一个方案实施后的收入增长预测,以作为酒店管理人员的决策参考
- 根据酒店的需求,将建议转化为控制管理,使其直接与酒店管理系统(PMS)、中央预订系统(CRS)、全球分销系统(GDS)或互联网分销渠道相沟通。为实施渠道管理,收益管理软件应支持多种渠道管理方式:预订渠道及方式限制;阶段性最低限价;入住天数限制及入住客人数量限制和组合式预订控制。

5. 实施效果评估

收益管理软件不但生成多套营销方案供选择,在营业结束后,收益管理软件将对实际营业情况进行分析,对比预测值与实际值的区别,不断完善预测模型、优化决策方案(图6-9)。

作为酒店业发展的新趋势,收益管理由于具有适用性的限定,如高固定成本、固定的服务能力、非耐久性产品和不可存储的特点,收益管理的应用范围一直限定于酒店客房销售中,而餐饮领域中的收益管理则缺少研究与探讨,但随着收益管理理论的发展,在餐饮、康乐领域中的收益管理已经逐步得到认识和应用,美国康奈尔大学已经在硕士课程中开设餐饮收益管理课程(HADM 6060 Restaurant Revenue Management)。

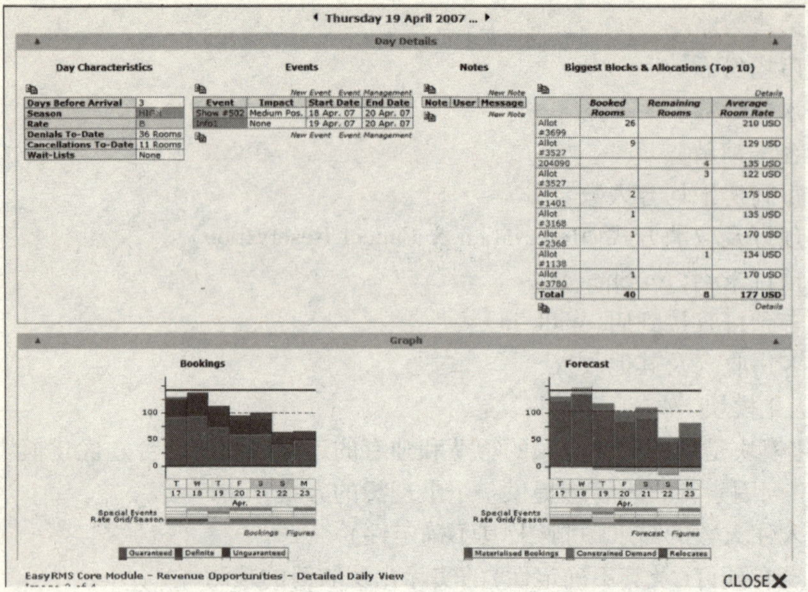

图6-8 收益管理软件将各种决策信息集中展示,提供多种营销方案

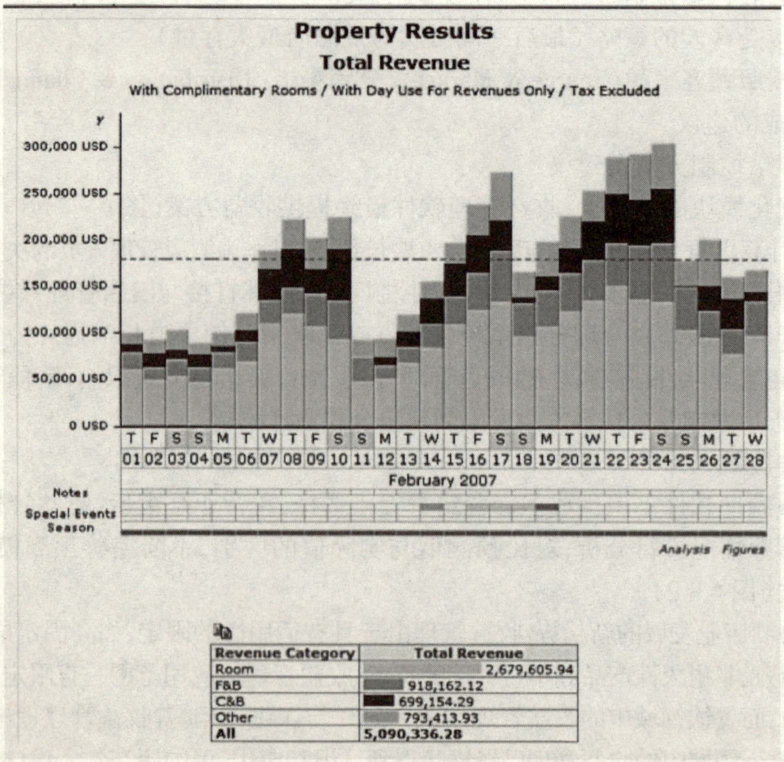

图6-9 实施收益情况评估,进一步完善预测模型和营销方案

第四节 酒店网络营销

互联网营销以其广泛性(全世界都可以点击登录查看)、即时性(可以实时更新内容)、全时性(24 小时×365 天均可访问)赢得了企业的认可,酒店行业常见的网络营销方式有酒店直销、中介分销和搜索引擎推广三种,具体有以下几种形式。

一、酒店直销

酒店直销时,销售的主体是酒店,既可以是单体酒店自己,也可以是酒店集团的统一销售行为。

1. 官方网站营销

酒店或酒店集团的官方网站应当是酒店对外宣传和销售的主要网络阵地。网站的响应速度、布局风格、各国语言、预订的便捷程度、是否支持在线支付等都是消费者非常关注的信息。

2. 微博营销

微博的广泛使用使酒店业看到了一个新的宣传舞台,微博的特点是“病毒式”传播,速度奇快,接触面以年轻人居多。酒店恰当的微博内容可以让客户和潜在客户感到亲切,但首先面临的问题就是粉丝的积累。有些酒店进行过微博抽奖活动,效果非常好,对粉丝数量的增加很有帮助。针对如何开展微博抽奖活动,有很多酒店提出了建议,如三亚人间天堂鸟巢度假村提出抽奖活动前期,需要通过不同形式的宣传去聚敛人气;有些酒店提出“抽奖活动最好针对粉丝多、影响力大的意见领袖,请他们转发、评论酒店的消费体验,达到酒店产品宣传的目的”;也有的酒店认为抽奖活动最好注重本地客户。

二、中介分销

中介分销时,销售的主体是第三方,可能是旅行社,也可能是专业的网络代理商。

1. 网络预订代理(online travel agency,OTA)

网络预订代理也称在线旅行社,是指利用互联网,开展酒店销售并获取佣金的企业。订房中介在中国的典型代表有携程网、艺龙网等,它们大都不直接从住店客人手中收取费用,而是让酒店定期将佣金上交,所以酒店和中介也经常就客户是否入住了酒店有所争议。

国外订房中介的典型代表是 Expedia,该网站不同于中国网络订房中介的是 Expedia 会在客人预订时收取全额房费,如果客人入住良好没有投诉,则 Expedia 会在一到三个月内把房费返还给酒店,当然,佣金已经被 Expedia 留在自己账户了。

2. 团购等新兴预订中介

团购网站的兴起为酒店业开拓了另一个分销渠道,超低的价格吸引了大量消费者的目光,但是团购了限量供应的餐饮、客房、康乐等酒店产品之后,消费条件往往也比较严格,比如:限定有效期,必须提前2天预约,不能与其他优惠同时进行,还有一些酒店提出节假日不能消费,甚至在周末也以满房为由拒绝团购客户的预订。

点评网站也是酒店分销的另一种形式。“大众点评网”、“到到网”是酒店行业的点评网站的代表,点评网站首先要聚集人气,找到大量的曾经在该酒店消费的客人,并请他们提供点评信息。点评网站存在的问题之一是如何让消费者确认点评者的真实性,也就是说,能否确信点评信息既不是该酒店自己写来美化自己的,也不是竞争对手来丑化该酒店的。

智能手机应用的流行使得手机应用软件生产商也想从酒店分销中分一杯羹。而通过手机应用软件来预订酒店首先要解决接口问题,也就是说,预订信息要即时传递到酒店的 PMS 当中。

三、搜索引擎推广

常见的搜索引擎推广主要有通用搜索引擎与垂直搜索引擎两种。

1. 通用搜索引擎

百度 baidu. com 和谷歌 google. com 是通用搜索引擎的代表。如果酒店和它们合作,当互联网用户输入酒店的关键词(如:北京火车站附近的五星级酒店),相应信息会依次出现,排名的位次对于客户点击量影响很大,通常第二页之后的信息基本无人点击,提高排名最重要的方法是搜索引擎优化(search engine optimization, SEO)。在百度网,排名不好的企业可以向搜索引擎公司买断关键词,被称为竞价排名,是按照点击次数付费的。

2. 垂直搜索引擎

垂直搜索引擎是针对某一个行业的专业搜索引擎,是搜索引擎的细分和延伸,是对网页库中的某类专门的信息进行一次整合,定向分字段抽取出需要的数据进行处理后再以某种形式返回给用户。酒店行业的垂直搜索引擎的典型代表是“去哪儿网”,它为消费者提供了同一家酒店在不同渠道那里的报价,消费者便可以选择这间房的最低价格。垂直搜索引擎很像是给我们提供去服装商场的多种交通方式,并告诉我们乘坐哪种交通方式去买衣服,哪件衣服的折扣会更大。

第五节　常见营销部信息系统

模块	常见系统
预订部	Fidelio、Opera PMS、西湖软件、中软好泰等均包括预订模块
销售与宴会管理	OPERA Sales and Catering,OPERA S&C 是美国 MICROS 公司开发的销售与宴会管理软件
	Delphi Sales and Catering,Delphi 是美国 Newmarket International 公司的产品,成立于1985年,总部设在美国的 Portsmouth,全球办事处设在巴塞罗那,伦敦,上海,新加坡和悉尼。使用企业有:香格里拉酒店集团、洲际酒店集团、喜达屋、凯悦
收益管理系统	万豪酒店管理集团自行开发的 ONE Yield 收益管理系统 洲际酒店管理集团 HIRO 系统(与集团 Holidx 系统对接) 美国 iDeals 公司收益管理系统(香格里拉集团、锦江之星) 美国 Infor 公司(中国称恩富东方软件公司),美国 EZRMS(雅高酒店集团、最佳西方酒店管理集团、开元酒店管理集团)

【案例】

依托公共信息工具　打造营销互助平台

——厦门曾厝垵地区家庭旅店的“网络虚拟联盟”

在酒店业国际化、集团化和品牌化的大趋势之下,本土单体酒店受到集团酒店、经济型饭店的多重冲击,加之又面临融资难度加大、人力成本提高、原材料价格上涨等因素的困扰,经营难度不断加大,如何应对成为摆在本土单体酒店前的难题。家庭旅馆作为单体酒店的特殊类型,由于规模小、档次较低、规范性差等特点,更难以形成聚集效应,厦门曾厝垵地区家庭旅馆运用信息化手段,建立网络虚拟联盟,共同吸引客源,实施酒店互动,效果明显。

案例背景:曾厝垵位于厦门岛东南部,三面环山,一面临海,面积为6.5平方千米,风景秀丽。曾厝垵原为临海渔村,近年来随着厦门城市化建设进程的加快,旅游人数不断增加,家庭旅馆迅速兴起,不完全统计共有家庭旅馆100多家,年游客流量近300万人次(图1),由于曾厝垵地区家庭旅馆主要依托存量建筑物,各个酒店产权分散,在顾客吸引、设备设施维护、员工招募等方面均有很多困难需要克服。

应对方案:曾厝垵地区家庭旅馆,使用QQ群作为交流平台,运用淘宝作为电子商务销售和预订平台,加强地区酒店联系,实现了许多功能。

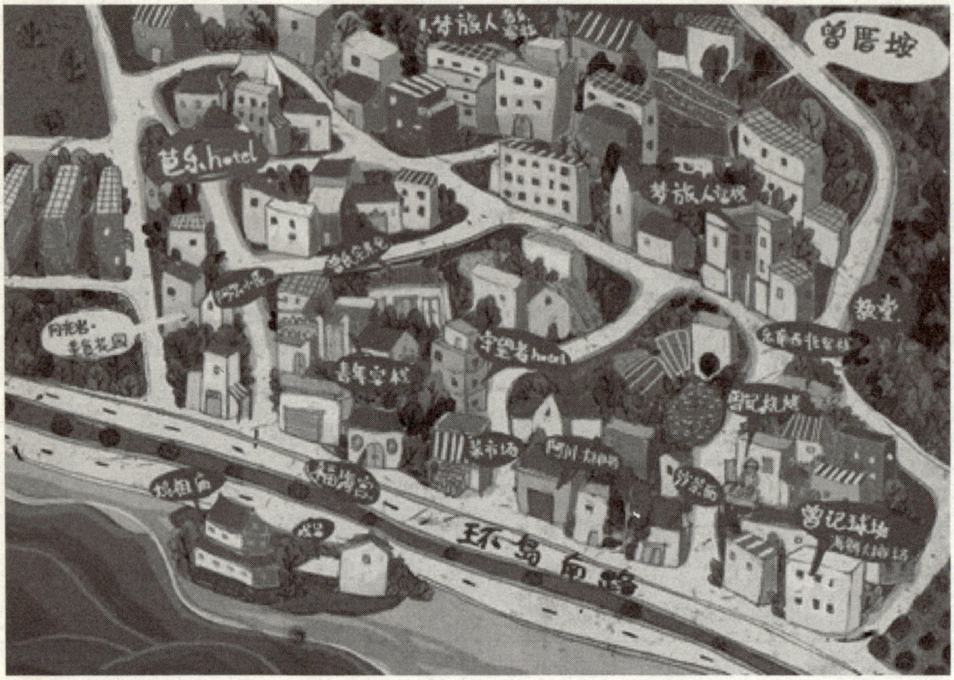

图1　网友绘制的曾厝垵地区家庭旅馆地图

1. 依托淘宝网，建立网络营销平台

曾厝垵地区的家庭旅馆，都开设了淘宝店进行网络预订和支付，输入“曾厝垵家庭旅馆”，可以找到客房类型2600多个，其中近期销量最高408次（在淘宝店中只能记录交易次数，无法统计每次交易的间/夜情况），近期销量超过30次的客房就有60多家（图2），除了本地区的酒店外，这些网店还代理其他区域的客房销售、景点景区门票、旅游车辆等，网店间形成了互相链接的网状销售态势。

2. 依托QQ建立酒店交流群

曾厝垵地区家庭旅馆建立QQ群进行信息交流，分享顾客信息、工程维修信息、员工招聘信息等，有效地支持了酒店的发展：

如图3所示，家庭旅馆经营者在群中交流顾客信息，解决超额预订问题，各酒店之间形成了互相帮助的态势，避免顾客因没有可用房而流失。

如图4所示，家庭旅馆经营者解决顾客问询和票务问题。

如图5所示，家庭旅馆进行网络员工招聘（家庭旅馆在用工上采取“义工”的方式，即在校学生、旅游者等在旅馆短期打工，被称为义工，旅馆负责义工饮食和住宿，通常不支付工资或少许工资）。

如图6所示，家庭旅馆运用网络获取租车信息，为顾客提供租车服务并获取新的利润增长点。

图 2　淘宝网已经成为家庭旅馆电子商务和支付的主要平台

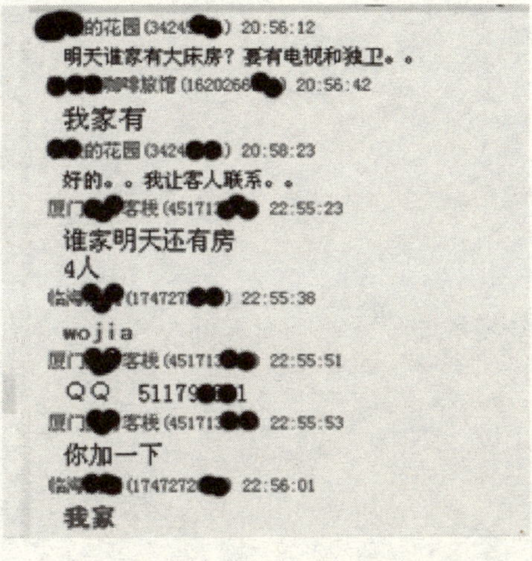

图 3　运用 QQ 群互相交流顾客信息

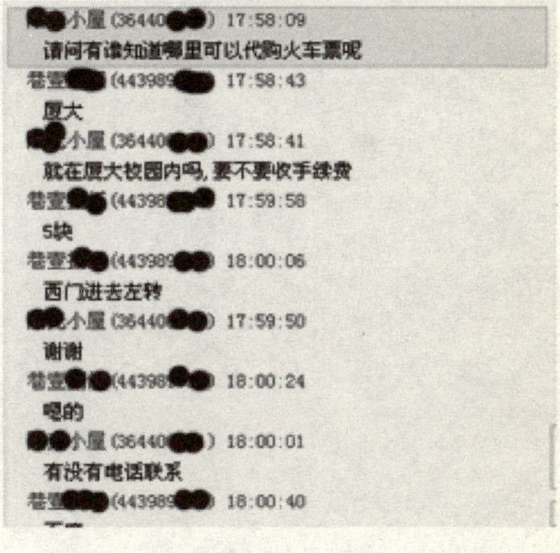

图 4　运用 QQ 群解决顾客咨询

厦门曾厝垵地区家庭旅馆只有 2 ~5 名员工，许多门店有一名员工专职进行网络推广，在各大旅游论坛、网站发布厦门美丽的照片和美好的游记，形成了良好的“软文推广”，有效地支撑了销售。深入运用信息化手段，单店规模很小的厦门家庭旅馆建立了虚拟的“网络联盟”，实现了许多原本无法提供的服务，保证了酒店设备设施的正常运营，并实现了跨地区的网络销售和在线支付，有效地促进了酒店的经营和发展。

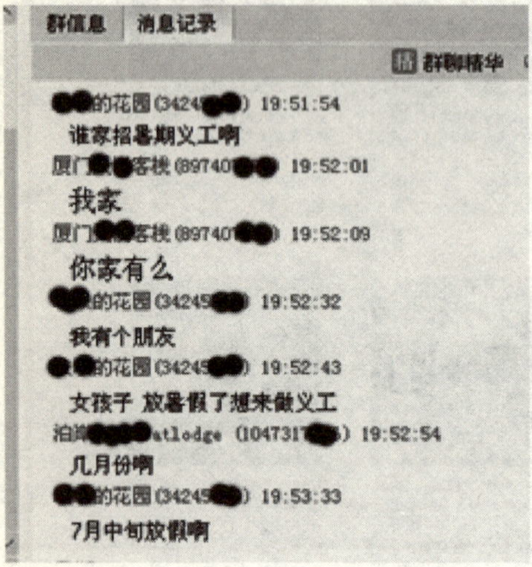

图5　运用 QQ 群进行员工招聘

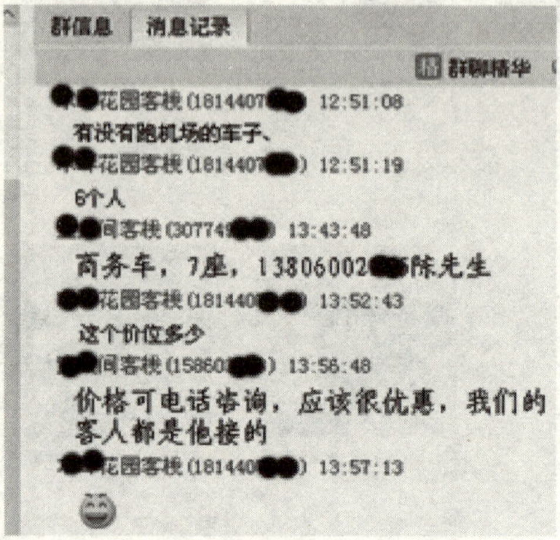

图6　运用 QQ 群完成租车服务

第七章　财务部的信息化

酒店的财务系统并非是一个软件，而是多个软件模块的集合（图 7 - 1），它们包括：应收账款；应付账款；采购库存与成本控制；薪资模块；固定资产管理；总账。

酒店是购买独立的模块并使用，还是购买集成化的软件系统，取决于酒店的特定需求，仅从技术角度来考量，完全集成的软件包可以获得最大的效率。

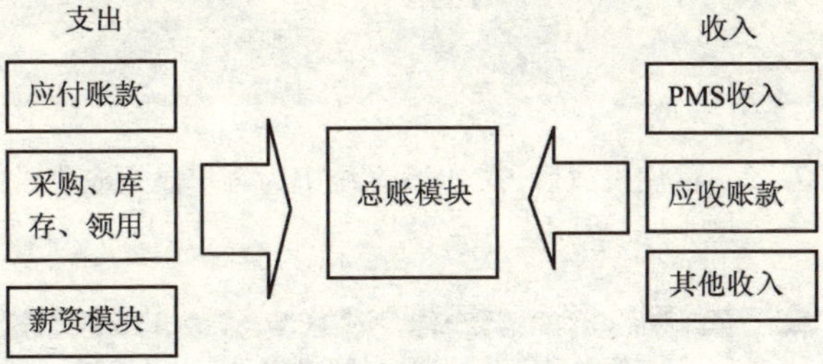

图 7 - 1　财务系统的结构

第一节　应收账款

应收账款（Accounts Receivable）是指完成销售而产生的，对酒店食宿等费用的支付行为导致的资产。在酒店财务体系中，应收账款是收银的结果，所以应收账款模块是 PMS 系统的必备模块，由 PMS 供应商提供。应收账款具备以下功能：

（1）维护应收账款账户。

（2）处理计入应收。

（3）监控收款活动，应收账款账龄分析。

（4）生成各种应收账款报表。

（5）制作关于所有收款实务的审计报告。

从管理角度来看，财务部根据销售部提交的申请批准信用授权，在合同签订后，建立适当的应收账款账户。应收账款账户应包含账户名、联系人（发生费用时的确认、审核等）、类型（免费账户、普通账户、旅行社，需要注意信用卡公司都设置为免费账户）、账号、账户余额等，同时应包括信用政策的重要信息，信用标准、信用条件和收账政策（图 7 - 2）。

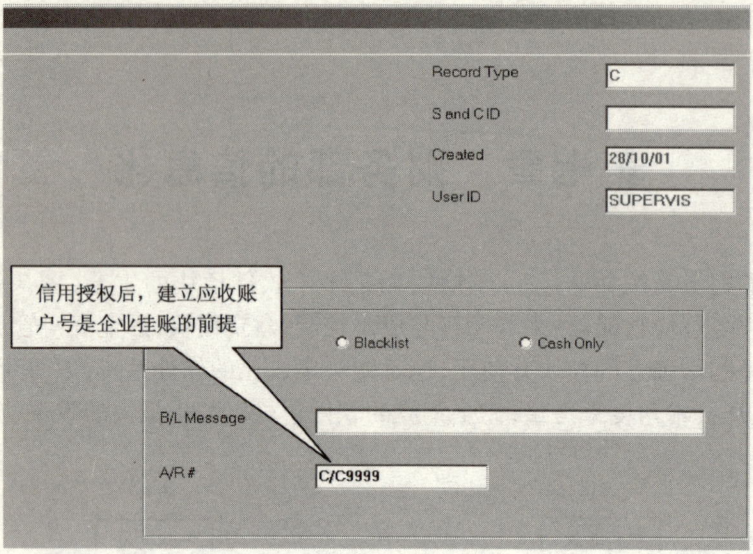

图 7-2　信用授权后，在 PMS 系统中为客户建立应收账户

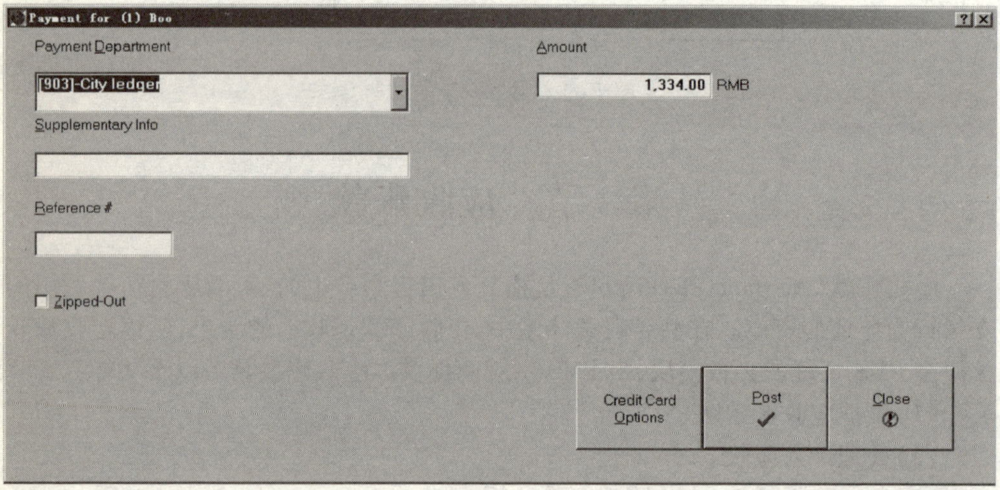

图 7-3　计入应收账户操作

与客户发生业务往来时，需要应收账款经理提前对账户进行过账授权，确认可以计入应收账户。在结账时，收银员选择计入应收账户（City Ledger）并输入账户号码，费用未超过信用授权时，将费用计入相应应收账户（图 7-3）。在每日夜审时，应收账款余额将从 PMS 顾客账务模块转至后台应收账款模块，更新应收账款账户的账户余额（Balance），如图 7-4 所示。

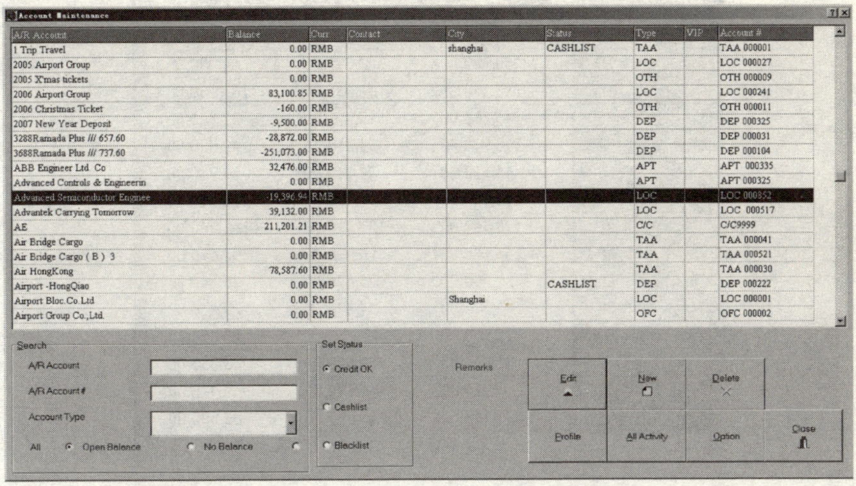

图 7-4　应收账款余额在夜审时转入相应账户

应收账款模块记录和分析客户应收账款的变化情况，分析客户的账期和账龄（图 7-5、图 7-6）。应收账款模块还跟踪酒店的收账活动，在收到付款或发生额外收费时，所付款项的记账信息会立即更新应收账款账户。酒店可以设置各种不同的信用限额，该模块还可以打印各种报表，以方便酒店财务部员工进行管理。

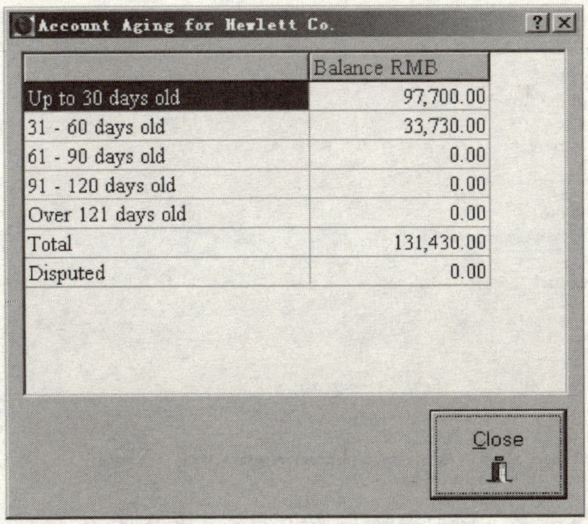

图 7-5　应收账款账龄分析

应收账款的支付总是离不开适时的提醒和告知，财务部员工可以使用提醒信（Reminder Letters）或者催款函（Statements）（图 7-7）来辅助完成应收账款的收取工作，酒店应收账款管理的流程如图 7-8 所示。

Year View of Hewlett Co.

Month		Debits	Credits	Balance
Feb	2007	260,989.00	302,079.00	62,890.00
Jan	2007	188,340.00	62,055.00	103,980.00
Dec	2006	46,235.00	18,920.00	-22,305.00
Nov	2006	18,920.00	54,310.00	-49,620.00
Oct	2006	45,110.00	73,140.00	-14,230.00
Sep	2006	103,580.00	251,522.00	13,800.00
Aug	2006	176,562.00	107,516.00	161,742.00
Jul	2006	136,156.00	16,920.00	92,696.00
Jun	2006	21,700.00	75,676.00	-26,540.00
May	2006	41,376.00	34,396.00	27,436.00
Apr	2006	12,600.00		20,456.00
Mar	2006	31,966.00	30,550.00	7,856.00
Rest		7,914.00	1,474.00	6,440.00
Total		1,091,448.00	1,028,558.00	62,890.00

Close

图 7－6　应收账户年度分析表

Coca Cola Inc.
Avenue of the Americas # 34
3rd Floor
11333 Lexmark

USA
Coca Cola Inc.
Avenue of the Americas # 34
3rd Floor
11333 Lexmark
202009

28/ 8/2012

Please find attached details on the current balance of your account. We hope that you find your account in order.

Should you have any question regarding the invoice details, please do not hesitate to contact either myself or my assistant.

Regards

Sales Accounts Receivable Manager

图 7－7　系统自动生成的催款函

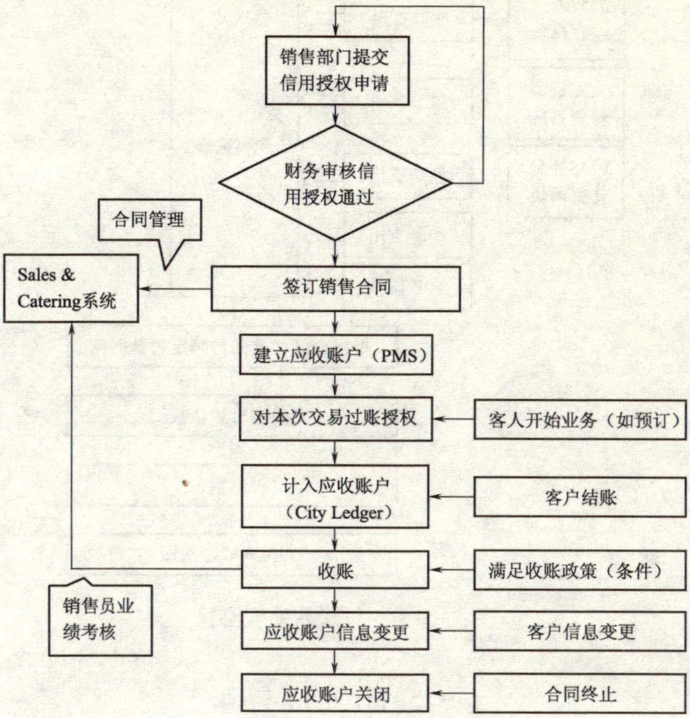

图 7－8　应收账款处理流程

第二节　应付账款

对于筹备期的酒店，工程款、设备和开办费用是最重要的支付款项，而运营期的酒店，物品采购、工资、能源与工程维护通常是最大的支付项目，应付账款（Accounts Payable）指的是酒店经营过程中购买物资、设备以及其他商品和服务时产生的负债。应付账款模块可以是一个独立的系统，但通常和财务系统中的其他模块一起发挥作用，这样可以具备更好的操作效率，如应付账款中的付款金额由采购系统和薪资模块直接生成，而应付账款金额自动进入酒店财务报表中的应付账款部分（图 7－9）。这样能够避免重复输入降低劳动量，并提高财务报表的时效性和准确度。

应付账款系统应具备以下功能：

①应付账款的确定。②根据合同付款条件确定付款时间。③确定付款金额。④付款。⑤支付完成，对账。⑥监控付款活动，应付账款分析。⑦生成各种应付账款报表。

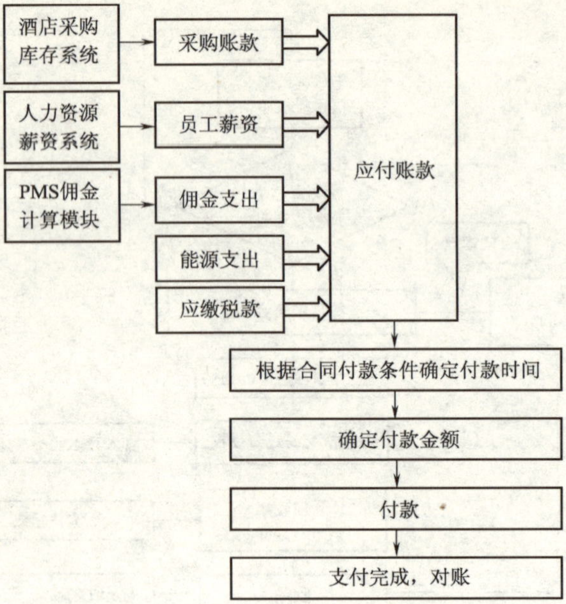

图 7-9　应付账款处理流程

一、佣金计算

如果预订来自某个需要付费的渠道，PMS 可以根据预订的执行情况（如入住、预订取消、预订不到）计算出佣金（图 7-10），对于酒店管理集团，如果预订来自集团预订网（central reservation system，CRS），同样需要付费，PMS 也可以自动计算该金额，图 7-10 演示了某酒店的佣金计算模块。如果 PMS 与应付账款模块建立了接口，则以上信息可以自动导入，否则就需要员工手工处理。

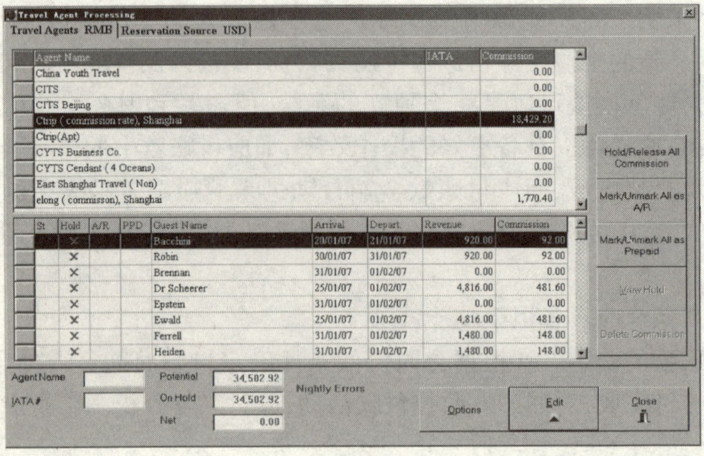

图 7-10　佣金计算模块自动计算佣金金额

二、供应商管理

供应商管理模块记录着供应商的信息，其中包括供应商编号、供应商名称、联系人、联系方式、付款条件和付款方式等，优秀的应付账款模块还包括对供应商的评价、供货范围、历史供应信息等，应付账款模块可以根据供应商信息生成应付账款的汇总（按供应商）信息，其中包括了每个供应商的期初金额、应付金额、实付金额和期末余额（图 7－11）。

应付账款汇总表

起始日期：2007-08-23

供应商代码范围：所有　　部门代码范围：所有

币别：人民币　　汇总依据：1—1级业务员

业务员代码	业务员名称	供应商代码	供应商名称	部门代码	部门名称	期初余额	应付金额	实付金额	期末余额
008	张铁	017	绿色电子科技				76,755.00		76,755.00
008	张铁	001	英特尔公司			12,000.00	71,445.00	93,700.00	10,255.00
008	张铁	002	华硕科技有限公司				02,033.58	07,788.58	94,245.00
008	张铁	003	LG公司			2,000.00	69,650.00	71,650.00	
008	张铁	004	IBM公司					10,000.00	10,000.00
008	张铁（小计					4,000.00	38,023.58	24,278.58	17,745.00
009	姚勇	001	英特尔公司			50,000.00			50,000.00
009	姚勇	002	华硕科技有限公司			1,200.00		8,200.00	-7,000.00
009	姚勇	004	IBM公司			11,575.00		11,575.00	
009	姚勇	005	罗技科技			1,150.00			1,150.00
009	姚勇	006	长城科技			200.00			200.00
009	姚勇（小计					35,875.00		19,775.00	55,650.00
010	黄子杉	007	艾胜电器公司			1,100.00		1,100.00	
010	黄子杉	008	高峰电子有限公司			2,000.00			2,000.00
010	黄子杉	015	华胜电子科技					2,500.00	-2,500.00
010	黄子杉	018	环球电子科技公司					4,000.00	-4,000.00
010	黄子杉	002	华硕科技有限公司			20,000.00			20,000.00
010	黄子杉（小					16,900.00		7,600.00	24,500.00
		合计				48,775.00	89,733.58	43,643.58	97,315.00

图 7－11　应付账款汇总表（按供应商）

应付账款模块记录了每一个供应商的付款信息，并根据合同计算付款金额，生成应付账款明细表（图 7－12），酒店可对某笔所关心的业务进行查询现有情况，也可查看全部业务的付款情况。应付账款还对酒店应付账款进行监控，根据合同按期支付货款，当系统发现已到或已过付款期限预警设置的业务单据，会自动给出预警，提示酒店哪些供应商的应付款项已经超过了付款期限，欠款金额是多少等，避免酒店产生信用违约（图 7－13）。

应付账款明细表

起始日期：2007-08-23　　截止日期：2010-08-23

供应商代码范围：所有　　部门代码范围：所有　　业务员代码范围：所有

币别：人民币

日期	单据类型	单据编号	供应商代码	供应商名称	摘要	凭证号	部门	业务员	预付金额	应付金额	实付金额	期末余额
			015	华胜电子科技(期末					2,500.00			-2,500.00
			016	泰和电子科技(期初								
2009-04-3	其他付款单(其他应付)	QTF000014	016	泰和电子科技		记 - 159				1,000.00		1,000.00
			016	泰和电子科技(期末						1,000.00		1,000.00
			017	绿色电子科技(期初								
2009-04-2	采购入库	WIN000024	017	绿色电子科技		记 - 100	供应一科	张铁		14,957.30		14,957.30
2009-04-2	采购发票(专用)	ZPOFP000008	017	绿色电子科技		记 - 80	供应一科	张铁		1,755.00		16,712.30
2009-04-2	采购发票(专用)	ZPOFP000009	017	绿色电子科技		记 - 80	供应一科	张铁		175,000.00		191,712.30
2009-04-2	采购发票(专用)	ZPOFP000010	017	绿色电子科技		记 - 78	供应一科	张铁		5,500.00	5,500.00	191,712.30
2009-04-3	应收冲应付	XDJ000005	017	绿色电子科技		记 - 68					90,000.00	101,712.30
			017	绿色电子科技(期末						197,212.30	95,500.00	101,712.30
			018	环球电子科技公司								
2009-04-1	采购入库	WIN000042	018	环球电子科技公司		记 - 160	供应一科	王铁男		400,000.00		400,000.00
2009-04-1	采购入库	WIN000043	018	环球电子科技公司		记 - 161	供应一科	王铁男		315,000.00		715,000.00
2009-04-3	付款单据(预付款)	TWFK000026	018	环球电子科技公司		记 - 153	供应三科	黄子杉	4,000.00			711,000.00
2009-05-0	采购发票(专用)	ZPOFP000017	018	环球电子科技公司			供应一科	王铁男		479,700.00		1,190,700.00
2009-05-0	采购发票(专用)	ZPOFP000018	018	环球电子科技公司			供应一科	王铁男		468,000.00		1,658,700.00
			018	环球电子科技公司					4,000.00	1,662,700.00		1,658,700.00
				合计					149,655.00	23,924,130.86	179,420.58	22,546,280.28

图 7－12　应付账款明细表

应付账款预警

起始日期：2009-01-01　　截止日期：2009-04-30

客户代码范围：所有　　部门代码范围：所有　　业务员代码范围：所有

币别：人民币

日期	单据类型	单据编号	供应商代码	供应商名称	摘要	部门	业务员	付款期限	应付金额	已付金额	未付金额
			004	IBM公司(小计)					1,000.00		1,000.00
2009-03-1	期初应付		005	罗技科技		供应二科	魏勇	2009-03-31	1,150.00	990.00	160.00
			005	罗技科技(小计)					1,150.00	990.00	160.00
2009-03-1	期初应付		006	长城科技		供应二科	魏勇	2009-03-31	200.00		200.00
2009-04-3	其他应付	QTF000015	006	长城科技				2009-04-30	300.00		300.00
			006	长城科技(小计)					500.00		500.00
2009-04-3	其他应付	QTF000019	007	艾胜电器公司				2009-04-30	1,000.00		1,000.00
			007	艾胜电器公司(小计)					1,000.00		1,000.00
2009-03-1	期初应付		008	嘉祺电子有限公司		供应三科	黄子杉	2009-03-31	2,000.00	1,000.00	1,000.00
2009-04-3	其他应付	QTF000018	008	嘉祺电子有限公司				2009-04-30	100.00		100.00
			008	嘉祺电子有限公司(小计					2,100.00	1,000.00	1,100.00
2009-04-3	其他应付	QTF000020	010	三洋电机厂				2009-04-30	200.00		200.00
			010	三洋电机厂(小计)					200.00		200.00
2009-04-3	其他应付	QTF000014	016	泰和电子科技				2009-04-30	1,000.00		1,000.00
			016	泰和电子科技(小计)					1,000.00		1,000.00
2009-04-2	采购发票(	ZPOFP0000	017	绿色电子科技		供应一科	张铁	2009-04-27	1,755.00		1,755.00
2009-04-2	采购发票(	ZPOFP0000	017	绿色电子科技		供应一科	张铁	2009-04-27	175,000.00	90,000.00	85,000.00
			017	绿色电子科技(小计)					176,755.00	90,000.00	86,755.00
				合计					184,115.00	91,990.00	92,125.00

图 7－13　应付账款预警

第三节　采购库存与成本控制

在中国酒店业,采购库存与成本控制系统是整个财务系统中“归属感不明确”的部分,也就是存在两种解决问题的思路:

(1)由财务软件供应商提供,如用友、金蝶的财务管理软件,均含有采购库存系统,酒店可以根据自己需要选定。

(2)由 PMS 供应商提供,如 MICROS 的 MC、石基的 PICC,国产 PMS 也提供了采购库存模块供酒店选择,如西湖软件、中软、千里马等。

采购库存管理系统两种方案对比如表 7-1 所示。

表 7-1　　采购库存管理系统两种方案对比

方案	典型系统	优势	劣势
采用通用软件	Peoplesoft Back Office System SUN Back Office CheckEAM 用友 金蝶	系统成熟 成本较低	系统为通用软件,对酒店行业的特殊要求不够贴合 采购库存与 POS 系统对接难度较大
采用专用软件	MICROS MC 石基 PICC 等	酒店业专用系统,针对性强	成本高 对使用者要求很高 与 POS 结合技术成熟
采用专用软件	西湖软件、中软、千里马等	成本较低	与 POS 结合难度低 与财务软件结合难度较大

不论采取何种方式实施,采购库存系统应提供以下功能:

(1)发货和领货(Issues & Requisitions)。

(2)库存采购(Inventory Purchasing)。

(3)库存收货(Inventory Receiving)。

(4)仓库管理(Store Management)。

(5)菜单成本计算(Recipe Costing)。

(6)统计分析(Graphical Statistical Analysis)。

(7)成本控制(Cost Control)。

(8)菜单管理(Menu Engineering)。

需要注意的是,采购库存系统需要提供与应付账款接口(Interface to Accounts Payable)和总账接口(Interface to General Ledger),使数据可以自动传输,以提高数据的实时性和准确性,减少财务

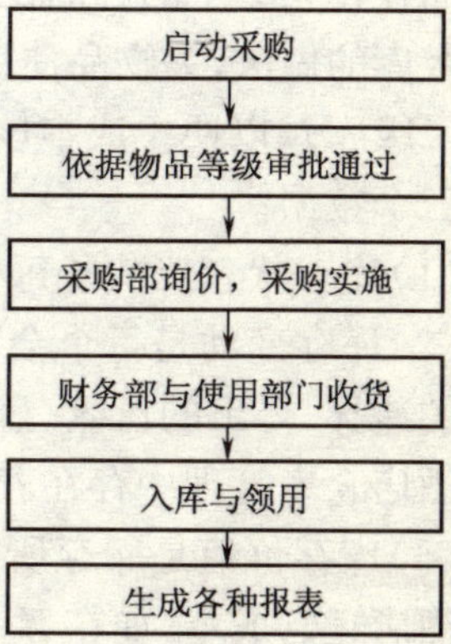

图 7-14　采购库存系统功能模块

部的工作量,采购系统的处理流程如图 7-14 所示。

1. 启动采购

采购流程的开始总是以到达采购点或者部门申购开始。酒店设定了每件物品的最小/最大库存量,最小库存量是库存中必须长期保持的库存数量。最小库存量、物品价格、运输周期等信息最终确定采购点,当物品库存量到达采购点时,采购系统会根据采购点生成采购订单。另一种到达采购点来源于对销售信息的分析和预测,如酒店宴会销售部刚刚完成了 50 桌婚宴的销售,信息被录入销售与宴会系统,当酒店与顾客确定服务内容并生成 EO(Event Order)单后,系统根据宴会菜单分析需要准备的物料并生成采购单(需要注意,宴会需要的物品并不限于宴会食材,诸如现场布置、主持与摄像等均会成为宴会的条件,完成一次大型外卖活动往往需要大量的物资采购和租用活动)。另一种启动采购的常见原因是部门申购,如固定资产添置、设备与设施、工程维修备件等。

由于经营的需要,采购流程中难免有例外的物品,如厨房鲜活类物品采购,采购系统需要为它们制定不同的采购流程,以防止影响酒店的正常经营。

2. 采购审批与实施

在采购申请被批准后,进入询价和实施阶段,采购系统可以自动生成询价函并发送给供应商,供应商的应价也可以通过采购系统自动接收并对比,询价不应只包括单价,库存量、特定商品、特价商品和清仓特惠等信息均可以被提交并作为采购依据。

在收货阶段,采购系统自动生成收货单,收货员工作的事情更像是"清点并确认数量",当然货物的质量和数量需要严格的审核,有些物品很难精确核准数量(比如肉类),收货员应详细记录"实收"数量并标记"应收与实收"的差别,提交应付模块并用于后期付款,最后采购物品根据收货情况分别选择退货、入库、直拨等,并分别计入各部门的固定资产和成本数据中。

3. 库存管理

储存在仓库中的物品是酒店的重要流动资本,为了便于管理,酒店库存经常采取二级库的做法,为物品使用量较大的部门设立二级库进行管理(如餐饮二级库、客房二级库),以便于成本核算。库存状态、库存变动和库存价值是仓库管理最重要的三个数据:

(1)库存状态反映了每项物品的库存数量。

(2)库存变动是每个会计周期进行仓库盘点时,得出的仓库理论库存与实际库存的差异,得出的盘盈/盘亏要记录在库存系统中,频繁地出现库存变动往往意味着酒店仓库管理中存在着问题。

(3)库存价值是库存所有物品的价值,酒店有时可以利用采购价格的波动来降低酒店运营成本,如在春节高峰到来之前采购部分货值较高的物品。

4. 采购库存与成本核算

采购库存系统的使用,既是为了管理的规范和快捷,也是为了在不影响质量的前提下降低酒店运营成本，采购库存系统可以方便地生成采购成本和各部门成本，而精确成本核算是实施高质量成本控制的前提。

第四节　薪资模块

尽管最终将薪水发给员工的是财务部，但在中国由财务部计算酒店员工工资的现象却很少发生，通常这样的工作由人力资源部来完成，这样的现象一部分是由于工资的计算需要许多复杂的过程，仅仅计算员工的“五险一金”就需要对政策的深入了解，但更重要的一方面是酒店管理精确度有待提高。在中国，很多酒店经理无法提前一个月回答：“员工 A 下个月将工作多少个小时？”“晚下班 2 小时是否算加班？”等诸如此类的问题，所以一个看似非常矛盾的现象在中国酒店业普遍上演：“一个基本上吃着大锅饭的行业，员工工资的计算却需要极高的运算量”。在国外的同行那里，工作量核算、加班小时数核算、工资计算、保险金代扣、支票打印、薪资明细和扣款明细之类的工作在 1980 年前后就已经实现自动化。

第五节　固定资产管理

酒店固定资产是指企业使用期限超过 1 年的与生产、经营有关的房屋、设备、车辆等，酒店作为高固定资产投入行业，固定资产管理水平对酒店整体发展水平影响很大。酒店固定资产管理模块通常和总账模块紧密结合，主要有基础信息录入、分类与编码管理、日常管理、核查和盘点等功能，可以用来提高固定资产的管理效率和管理水平。固定资产管理通常使用固定资产登记卡来记录每一项固定资产的编号、名称、规格、使用部门、地点、开始使用时间等，近年来，基于射频识别（radio frequency identification，RFID）技术的固定资产管理技术逐步得到应用，进一步提高了固定资产的管理效率和管理水平。从业务流程来看，固定资产管理涉及固定资产的全流程管理，包括前期管理、服务期管理和后期管理。

固定资产管理是我国酒店业管理的薄弱环节，资产利用率低、维护水平差的现象普遍存在，一方面是由于我国酒店业发展周期短、整体水平差；另一方面是由于我国酒店业产业集中度不高、专业化不强，许多业主并非专业出身，造成了酒店建设时金碧辉煌，管理维护时无人问津。由于缺乏专业维护导致设备损耗率极高，如近年来频发的电梯坠梯事件、空调空气质量差等现象。随着我国早期酒店逐渐进入重建改造期，这些现象会更加普遍。依托固定资产管理系统，提高资产管理能力是提高酒店运营，尤其是全周期运营的核心，应当得到酒店、尤其是集团酒店和酒店业主方的高度重视。

第六节　总账模块

从财务会计的角度来看，资产负债表、利润表和现金流量表作为三大会计报表，是酒店管理者进行决策的重要依据，但在实际工作中，由于会计报表是会计人员根据日常会计核算资料归集、加工、汇总而形成的结果，是会计核算的最终产品，存在制作周期长、信息高度凝练的特点，酒店管理者在日常经营分析时，要求信息更迅速、更准确地反映经营情况，由各个信息系统直接生成的报表使用场合更广泛，而会计报表通常在分析较长时间的营业情况时使用。

在营业分析方面，PMS 生成的营业日报表、营业点经营报表、客户产出分析等报表，是掌握酒店经营情况的主要依据，这些报表以日为单位，精确地反映了酒店的营业情况，通常在每日夜审生成。

在成本核算方面，通常酒店以月为单位（自然月或者会计月），进行成本的统计与核算，由采购库存系统核算各部门的成本，由人力资源系统核算薪资成本，工程部核算能耗成本。

在生成每月会计报表时，酒店财务部会借鉴各个系统所生成的数据，如 PMS 系统中的收入数据、采购库存系统中的采购成本、薪资系统中的人员工资成本，但这些数据通常要经过加工后才能进入会计报表，如某五星级酒店 6 月份餐饮营业收入 12 万元，其中实收 10 万元，有 2 万元的折扣，在数据处理时发现，其中 1.2 万元为酒店美食节活动而产生（所有餐饮 8.5 折），这些费用应计入酒店营销费用中，而 5000 元为酒店新员工入职培训时的体验用餐，这些费用计入人力资源部培训费用，还有 2000 元为菜品品质被客人投诉，经调查为采购部进货质量差，由采购部经理自行赔付，还有 1000 元为员工服务差被投诉，由餐饮部承担。可以看出 PMS 中的折扣项目在制作财务报表时需要会计人员的专业处理，所以许多酒店建立接口将 PMS 系统账务模块与后台财务总账模块直接连接，希望自动生成会计报表的做法通常都难以实现。

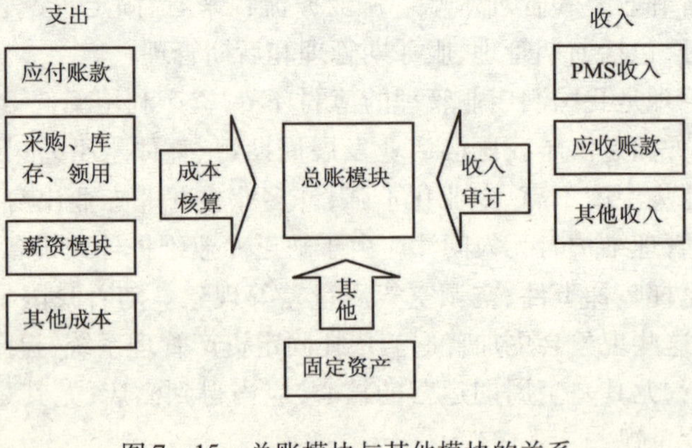

图 7－15　总账模块与其他模块的关系

第七节　常见财务系统

财务模块	常见系统
应收账款	Fidelio、Opera PMS、西湖软件、中软好泰等均包括应收账款模块
采购库存	Opera MC(Material Control) 石基酒店成本控制系统 PICC(Purchasing Inventory Cost Control System) CheckEAM
财务管理系统	美国仁科(Peoplesoft Back Office System)财务管理系统 美国 Infor(恩富东方软件公司)公司(Systems Union)的 SUN Back Office 中国用友财务管理系统、金蝶财务管理系统

【案例】

构建信息化财务平台　实现集团高效管控

——开元旅业财务集中管理及业务集成应用案例

开元旅业成立于1986年,1991年开始进行连锁经营,1999年开始跨地区连锁经营,截止到2011年11月,开元集团共签约酒店100家,客房30000余间。在发展过程中,开元旅业依托信息化平台,搭建集团财务数据中心,实现财务集中管理,为集团快速扩张提供了重要的财务保证和管理平台。

背景介绍

开元旅业依托信息化平台建立集团财务数据中心,实现财务集中管理,数据中心汇集各下属企业的财务数据,形成开元旅业集团的财务信息分析的数据应用平台,如图1所示。集团下属企业登录集团数据中心进行会计处理、实时查询、统计分析工作,集团可以实现以下功能:

1. 对下属企业财务状况实时监控

利用财务数据中心,集团各层管理人员根据不同授权,对下属单位的财务状况和经营状况进行统计分析以及实时业务查询。在权限许可的范围下,既可以跨单位查询多单位的数据,也可以汇总多单位的数据,甚至可以对下属单位的原始单据进行查询,如集团的财务人员可以直接查看下属企业的具体某张凭证和原始单据,该系统从最底层向上层直接提取、汇总数据,信息不经过任何中间环节的处理,保证了信息的准确、真实、完整和及时(图2)。

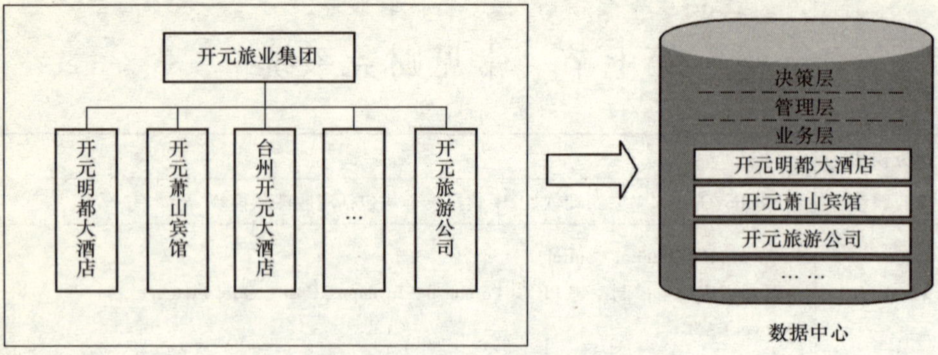

图1　开元旅业财务数据中心架构图

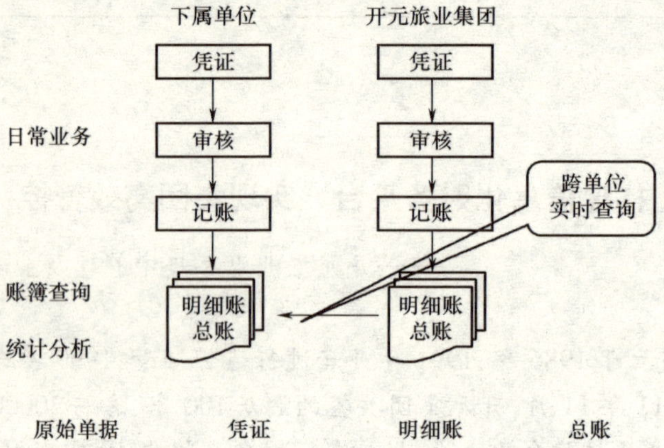

图2　通过财务数据中心进行远程财务监控

2. 对下属单位的经营运作情况进行预警

开元旅业集团可以根据系统提供的预警平台，对下属企业管理的预算管理、费用支出、资金使用进行集中预警处理，及时将预警信息传递给相关部门、人员和领导，满足集团对重大事件、例外事件的管理能力。

3. 帮助集团掌握整个集团的运营情况

系统的集中管理模式使集团的管理突破了时间、地域的限制。集团可以随时查询、分析整个集团的资金状况、预算执行状况、盈利状况和现金流量状况。

应用效益

开元旅业信息化项目经过系统运行与优化，实现了对业务的标准化管理，对流程、组织、信息的有效整合；实现了资源、服务、知识的共享，实现了业务与战略的协同，从而形成了快速应变的能力，增强了集团管理竞争能力。开元旅业财务数据中心的建设和成功试用，为开元旅业快速发展提供了有力的保障。

第八章　人力资源管理信息化

人力资源管理是酒店管理的重要内容，从人才的招聘、录用，到培训、考核的整个流程中，信息化都可以起到有效的支撑作用，而员工人事管理、消费一卡通等功能的实现，也为酒店员工日常管理提供了高效途径。

第一节　网络招聘

1. 定义

网络招聘(e－Recruiting)，也被称为电子招聘，是指通过技术手段的运用，帮助酒店完成招聘。企业通过公司自己的网站、第三方招聘网站等机构，使用简历数据库或搜索引擎等工具来完成招聘过程。

网络招聘有两种主要方式：一种是注册成为人才网站的会员，在人才网站上发布招聘信息，收集求职者资料，查询合适人才，通常酒店可以选择两种网站：通用招聘网站和酒店业专业招聘网站，两类网站互有优劣，总体看来，当酒店招聘专业化程度较高，并有一定行业工作经验的员工时(如前台接待、餐饮服务)，选择专业招聘网站效果较好，在招聘的人员专业化要求不高，或者该员工可以从其他行业“转行”时(如工程部、美工、保安员等)，可以使用通用招聘网站。另一种是在企业网站上发布招聘信息，吸引人才。

表 8－1　　两种招聘方式的对比

名称	代表网站	优点	缺点
酒店业专业招聘网站	最佳东方网(www.veryeast.cn)	行业集中度高，针对性强 行业用户认知度高	对于企业用户，价格高于通用招聘网站 非酒店行业认知度低
通用招聘网站	智联招聘(www.zhaopin.com) 前程无忧(www.51job.com)	信息量大 对比酒店专业招聘网站，价格较低 酒店业认知度低	针对性不强 社会认知度高

2. 网络招聘的优势

(1)覆盖面广。互联网的覆盖是以往任何媒介都无法比拟的,它的触角可以轻易地延伸到世界的任何一个角落。网络招聘依托于互联网的这个特点,达到了传统招聘方式无法获得的效果。2000 年,IBM 通过网络招聘的消息只在全国 7 个城市的 14 所学校张贴了海报,而且没有在校园里进行任何宣传活动,却收到了来自包括英、美、日、澳等地留学生在内的 13000 多份简历,学校数目也远远超过了 14 所,招聘活动的覆盖面是公司自己都始料未及的。

(2)方便、快捷、时效性强。网络招聘的双方通过交互式的网上登录和查询完成信息的交流。这种方式与传统招聘方式不同,它不强求时间和空间上的绝对一致,方便了双方时间的选择。互联网本身不受时间、地域限制,也不受服务周期和发行渠道限制。它不仅可以迅速、快捷地传递信息,而且还可以瞬间更新信息。这种基于招聘双方主动性的网上交流,于无声无息之间,完成了及时、迅捷的互动。

(3)成本低。网络招聘在节约费用上有很大的优势。对于毕业生来说,通过轻点鼠标即可完成个人简历的传递,原本一个月才能完成的信息整理、发布工作,现在可能只要半天就能够完成。这既节约了复印、打印费用,还省却了差旅费、招聘场地租赁费等。对用人单位来讲,网络招聘的成本更低。

(4)针对性强。网络招聘是一个跨时空的互动过程,对供求双方而言都是主动行为,无论是用人单位还是个人都能根据自己的条件在网上进行选择。这种积极的互动,减少了招聘和应聘过程中的盲目行为。目前,一些大型的人才招聘网站都提供了个性化服务,如快捷搜索方式,条件搜索引擎等,这进一步加强了网络招聘的针对性。

(5)具有初步筛选功能。目前,构成“网民”主体的是一个年轻、高学历、向往未来的群体。通过上网,招聘者就已经对应聘者的基本素质有了初步的了解,相当于已经对他们进行了一次小型的计算机和英文的测试,对应聘者作了一次初步筛选。

3. 互联网招聘的主要功能

(1)职位管理(发布职位、过期职位、修改职位等,图 8-1)。

(2)简历管理[查看简历(被动接收应聘者)、寻找简历(主动寻找应聘者),图 8-2]。

(3)简历处理(通知面试、录用通知、进入备选人才库等,图 8-3)。

(4)查询和过滤功能(根据条件选择适当的简历)。

第二节 人力资源管理系统

人力资源管理系统覆盖了企业的人事、薪资、考勤、培训、招聘、考核、报销、自助服务等,帮助酒店建立起一套以员工为核心的人力资源管理系统,将人力资源体系纳入到酒店整体的资源体系中来,建立完整的企业资源规划。人力资源管理系统的常用功能有(图 8-4):

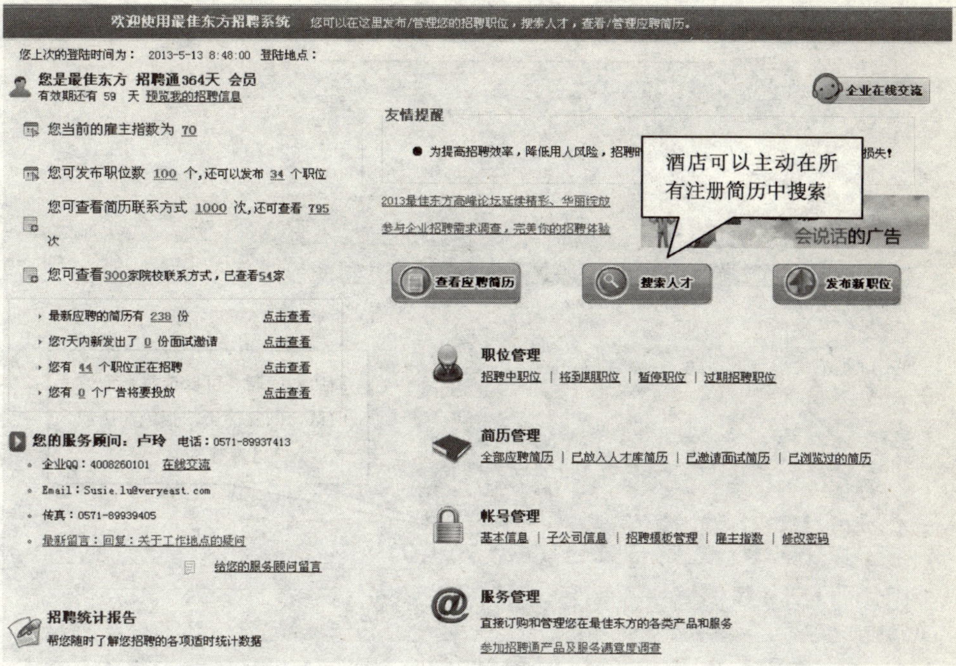

图 8－1　酒店可以查看应聘者信息,也可以主动“搜索人才”,查找没有投送简历的人

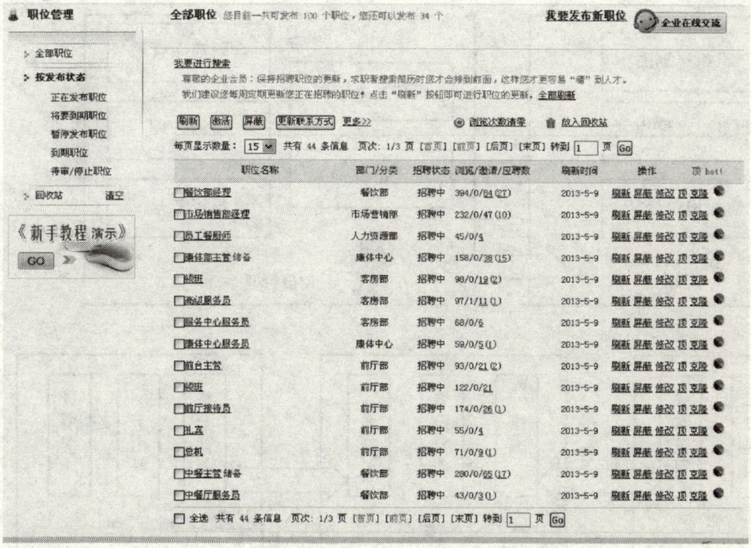

图 8－2　职位管理可以看到每一个岗位的“浏览/邀请/ 应聘”人数

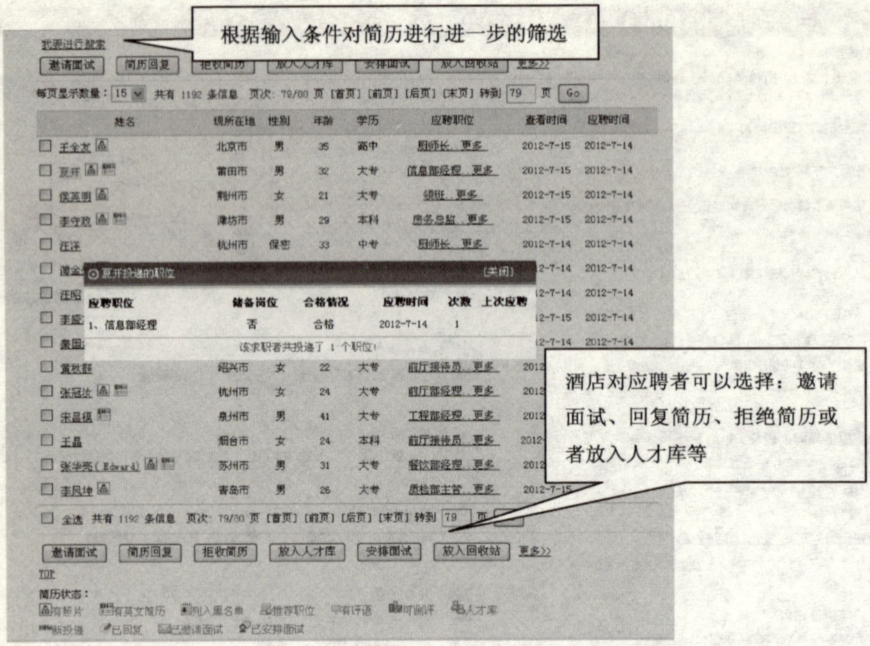

图 8－3　应聘者应在酒店、职位方面有所侧重，避免“广撒网”，企业可以看到提交简历的总次数

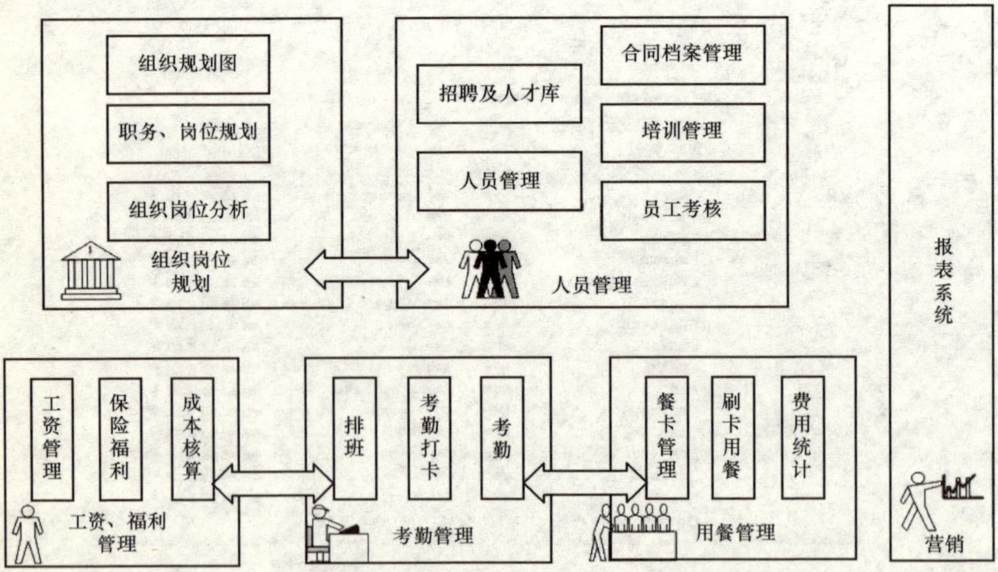

图 8－4　典型的酒店人力资源管理系统——中软好泰

(1)人事管理。记录员工个人资料,包括姓名、生日、合同、试用期、外方就业、居留、签证、薪酬福利、假期、社会保险、培训、奖惩等,可以根据员工类型进行管理,如正式员工、临时工、外籍员工、离退休职工等(图8-5)。

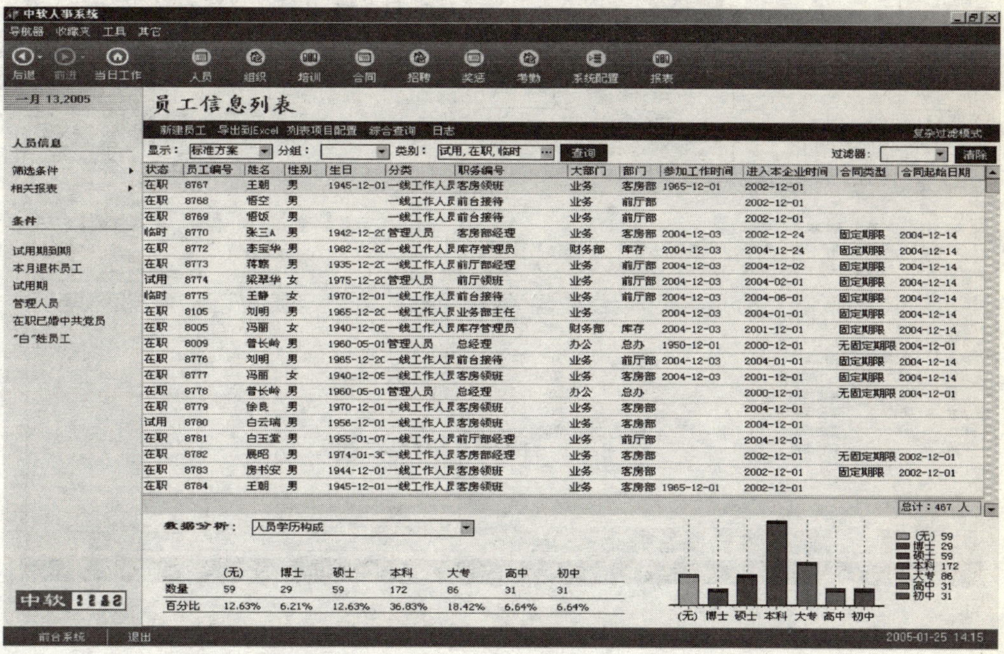

图8-5　人力资源管理系统对员工信息进行集中管理——中软好泰系统

(2)员工管理。员工的增加、离职、修改福利、修改合同、修改工资、转移部门、变更职位、停发工资等,根据变化自动生成组织结构图(图8-6)。

(3)工资管理。浏览修改、当月修改、工资计算、当月结算等预设员工职位及部门变动的生效日期。

(4)报表管理。人事报表、考勤报表、餐饮报表、财务报表等。

(5)考勤管理。请假审批、加班审批、班次定义、安排班次、获取考勤、查询考勤、生成考勤表、计算考勤。

(6)餐饮管理。员工餐管理,员工卡用餐权限管理,用餐补助、用餐次数统计等。

(7)提醒功能。提供生日提醒、工资卡提醒、合同到期提醒、签证护照健康证到期提醒。

除了进行员工管理,酒店人力资源管理系统还建立员工一卡通平台,将考勤、员工餐进行整合管理,根据酒店需求的不同,还可以加入员工洗浴管理(IC卡控制员工淋浴出水)、门禁管理、洗衣机管理等,其中包括以下功能:

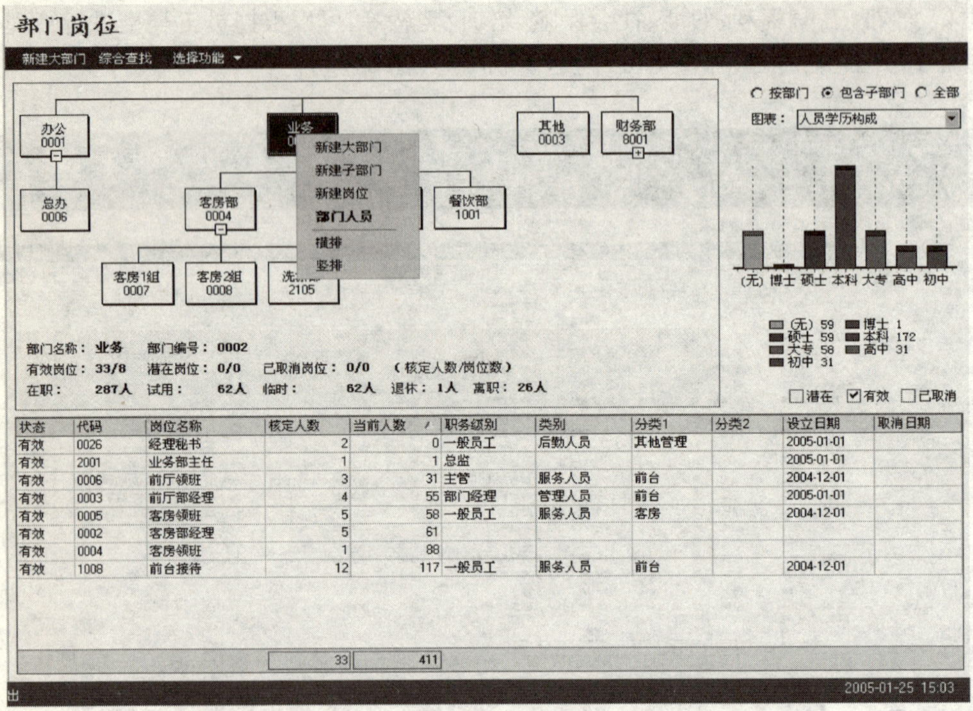

图8-6 人力资源管理系统根据变化自动生成组织结构图

(1)与彩色证卡打印机关联,自制员工ID卡,自制员工名牌。

(2)员工ID卡、考勤卡、就餐卡功能集成于一卡。排班、考勤与工资计算就餐相关联,全面实现计算机自动化管理 。

(3)排班计算机化,考勤自动化(员工用ID卡刷卡考勤,免去考勤卡),排班与考勤机资料迅速核对,提交考勤差异报告,返回部门审核确认,自动提交人力资源部进行工资计算。

(4)用员工ID卡刷卡就餐(不用再印发纸质就餐卡),系统根据排班设定的餐次与刷卡资料进行核对,实名记录,准确生成详尽的就餐差异报表、汇总表。

第三节　常见人力资源管理软件

1. Landa

Landa是上海蓝灯软件科技有限公司开发的通用HR产品,用于制造业、连锁零售行业、酒店行业、服务行业、人力资源行业及外贸加工进出口等众多行业,也是许多国际酒店集团使用的产品,如喜达屋酒店集团的部分酒店。

2. 石基 HRMS

石基 HRMS 是石基公司开发的酒店人力资源管理系统，也是许多国际集团使用的产品，如万豪酒店集团。

由于在 HRMS 领域不少酒店集团并没有明确的标准，在许多酒店集团出现了“选择性安装”的现象，如洲际酒店集团和香格里拉酒店集团。同时，集团酒店选择 HR 软件时存在一些自主性，如喜达屋酒店集团部分酒店使用了 Landa 系统，而部分使用了石基系统。

3. 其他人力资源管理系统

国产软件中，西湖软件、中软好泰、华仪系统等，均有人力资源管理模块，同样可以实现本章所谈的管理功能，酒店可以根据企业需要进行选择，以达到提高人力资源管理水平的目的。

【案例】

信息化：应对“用工荒”的利器

（原文发表在 2012 年 3 月《中国饭店》作者　穆林）

近年来，“用工荒”已经成为制约酒店业发展的关键难题，且情况越发恶化，长时效、多层次、大数量成为重要特征。面对此问题，很多酒店采取“增加供给”战略，希望招聘到更多的员工，纷纷拿出“法宝”：开拓招聘渠道、提高薪水、降低人员素质要求、提高食宿标准等，使得酒店员工支出占成本比例不断提高。

但是，作为供给方，从院校的角度来看，“增加供给”战略难以奏效，自 2012 年开始，高校本专科毕业生将进入持续下降期。以青岛酒店管理学院为例，2011 年毕业生数量达到顶峰 1044 人，2012—2013 年，毕业生数量将减少 10%。与此同时，受亚洲经济回暖、中国出境游数量激增的影响，学院境外就业渠道不断开拓，出国工作的学生数量持续增加，两方面趋势叠加，2012 年、2013 年，酒店管理专业毕业生将分别减少 8.6% 和 13.6%（以 2011 年毕业生数量为基准）。

表 1　　青岛酒店管理学院酒店管理专业境内外就业情况表

项目＼年份	2008	2009	2010	2011	2012（预测）	2013（预测）
毕业生数量	940	750	906	1044	1000	950
境外就业人数	16	8	11	37	80	80
境内就业人数	924	742	895	1007	920	870
境内就业人数变化率	-8.2%	-26.3%	-11.1%	0.0	-8.6%	-13.6%

在供给已经确定的大形势下，新酒店的开业势头依然不减，如喜达屋集团目前在中国经营70多家酒店，但是未来三年内该集团仍计划在中国新开90多家酒店，平均每两周新开一家。两方趋势综合起来，必将导致酒店的用工环境持续恶化，酒店"用工荒"不但不会减退，反而会迅速恶化，这一趋势在2014年年底前不会得到任何改观。

临渊羡鱼，不如退而结网。既然"增加供给"难以奏效，采取"抑制需求"战略是解决用工困局的关键，而运用信息化的方法，减少用工人数可以成为许多酒店的选择。

■ 信息化推动商业模式变革和产业结构重组，减少用工需求

服务质量管理是酒店管理的重要内容，而许多国内酒店依然在使用"劳动密集型"的方法——明查、暗访、星评、电话投诉，而国际联号酒店则大多使用"信息密集型"方法——第三方外包，基于电子邮件的评估渠道，不但评估效果更好、时效性更强，而且大幅度减少人员需求。

此外，专业的评价网也成为行业发展的重要趋势。比如，2012年1月29日下午，三亚市政府新闻办称："今年春节黄金周在食品卫生、诚信经营等方面，三亚没有接到一个投诉、举报电话。"可以看出，三亚的旅游质量管理停留在"电话"阶段，而最终游客通过"第三方评价"的方式——微博表达了自己的不满。所以，三亚"宰客"事件看似是一个价格事件，而其本质在于个别政府机构、企业运用信息化方法，实施顾客满意度评估的能力不足。

■ 借助信息化，制定更加精确、动态的人员编制方案

广州某五星级酒店，2011年年底，将前厅部人员编制减少了3个，将西餐厅的人员编制增加了3个，而酒店做出这一变化的依据是运用劳动力效率评估软件，对酒店运营情况的分析。可以看出，精确、动态的调整人员编制，提高酒店实际运营效率成为国际品牌酒店的做法，反观许多国内酒店，很少动态调整人员编制，造成酒店内部的效率不均衡。

根据调查，高端国际联号酒店的客房/员工比例一般介于1~1.2，最高也只有1.5左右，个别度假型酒店最高达到2。但本土酒店在人员编制上"大手大脚"，很多三星级酒店大于1，曾经见过五星级饭店达到5，如此"奢侈"，用工怎能不"荒"。

■ 依托信息技术，营造更高效、规范的工作环境

目前，90%的酒店采用了电子化考勤，对于减少迟到早退、优化考勤、提高工作效率效果明显。但依然有些酒店并未采用，其中不乏国内知名饭店，如北京昆仑饭店、青岛海景花园大酒店，依然采用手工签到的方法。

有些酒店不采用电子考勤的原因，也许是因为内部管理水平较高，可以杜绝迟到早退的现象，但电子化考勤的作用并非在此，而在于可以记录员工的"实际工作时间"。很多酒店设置工资专员，他的职责主要是检查"冒领加班费"问题，即防止"实际工作时间" < "理论工作时间"（排班时间）。但在实际工作中，员工总是弱势

群体，很少有主管给员工在这方面弄虚作假，更多的情况反而是“加班3小时，没人问一句，早退10分钟，被人抓尾巴”，这样就会降低员工的满意度，最终导致员工流失率提高。所以，酒店运用电子考勤系统，对员工实际工作时间实施监控，是提高员工满意度、降低员工流失率的重要方法。

■ 运用信息化思维，重塑工作模式和操作流程，有效降低用工需求

信息化的方法，可以有效减少用工人数、大幅度提高工作效率。以点餐流程为例，传统的手工点餐完成后，需要服务员将点单分别送往收银、厨房和传菜，增加员工工作量，而运用信息化点餐可以将点餐流程大幅度简化，减少用工需求。

以前厅为例，接待和收银的合并是大多数酒店的做法，在青岛酒店管理学院实习酒店的83%实行了这样的方式。这样的调整能够提高工作效率，有效地降低用工需求，但依然有17%的酒店拒绝这一变革，理由是担心产生收银漏洞，给酒店造成损失。其实，信息技术正是推动这一变革的动因，起码有以下技术可以有效减少收银漏洞：

- 酒店前台软件的使用，所有的预订、价格变动等均有记录，避免价格的混乱
- 电子门锁的运用，每次门卡制作和进出记录均有据可查，如果结合PMS接口技术，可以杜绝“飞单”现象
- 信用卡的使用，降低了现金使用量
- 越来越普及的监控，成为震慑不法分子的有效工具

再如，携程网和去哪儿网每月处理的业务量处于同一数量级，但去哪儿公司仅数百人，而携程却需要数千人来应对。因为携程的客户电话预订量占70%以上，而去哪儿是“垂直搜索”，整个预订流转完全自动化，两家企业的运作模式完全不同，员工数量自然也差别巨大。

■ 重视信息设施设备，降低人员工作量

这一模块是信息技术的最基本功能，也是目前广泛采用的模式，比如：

- 大量酒店采用畅联系统，可以实现第三方预订（不包括携程）的自动完成，有效降低预订部员工工作量
- 身份证扫描仪通过接口直连PMS，可以将入住操作速度至少提高3倍，并且公安户籍上传自动完成
- 杭州黄龙饭店，在固定资产管理中使用了RFID技术，使得固定资产管理效率提高数十倍，有效提高工作效率
- 丽思卡尔顿的酒店集团，在员工招聘中使用网络评估方式，有效降低了招聘和应聘者的工作量，并且使“异地面试”成为常态

总而言之，在今天，信息化早已经超越了技术层面，成为催生行业变革的核心驱动力，对于面临着越来越严重“用工荒”的中国酒店业，用信息化的方法，解决用工难题，不失为“化风险为机遇”的好途径。

第九章　智能建筑、工程管理与能源管理信息化

第一节　楼宇自动化控制系统

1. 智能建筑与楼宇自控

智能建筑(Intelligent Buildings)是建筑技术与计算机信息技术相结合的产物,是信息社会与经济国际化的需要。智能建筑主要由楼宇自动化控制系统(building automation system,BAS)、通信自动化系统(communication automation system,CAS)和办公自动化系统(office automation system,OAS)三大系统组成,其中楼宇自动化控制系统(简称楼宇自控)是智能建筑的基础和核心,智能建筑往往是从楼宇自动化控制系统开始的。

建筑内部有大量的电气设备,如空调设备、照明设备及给排水系统设备等。这些设备多而散:多,即数量多,需要控制、监视、测量的对象多,多达上百到上万个点;散,即这些设备分散在各层和各个角落。如果采用分散管理,就地控制,监视和测量的工作量难以想象。为了合理利用设备,降低能耗支出,节省人员费用,同时确保设备的安全有效运行,不得不重视设备的管理问题,成为楼宇自控发展的原动力。

2. 楼宇自控系统(BAS)的目的

自动控制、监视、测量是建筑设备管理的三大要素,其目的是正确掌握建筑设备的运转状态、事故状态、能耗、负荷的变动等,尤其在使用电子计算机之后既可大幅度节省人力,又可节省能源。一般认为可节约能源25%。

根据日本电气学会技术报告:使用电子计算机的管理系统的效果与不使用的效果相比,维修保养人员可减少约30%。这里讲的节能是在必要能源的最高利用率上所采用的节能方法。此运转控制所采用的方法主要有:机械的有效运转;变更室内温湿度的条件;控制光照强度;把设备运转时间控制在最小限度;减少室外空气的取入量等。在一幢大楼内电气的消耗率占整个能源消耗的70%~90%,所以节能首先应从电气方面着手,降低电能的消耗。

3. 楼宇自控系统(BAS)的管理对象

建筑设备的管理对象主要是电气设备、空调设备、卫生设备、照明系统、电梯系

统等。对于酒店企业,最重要的是空调系统、给排水系统和照明系统:空调系统是酒店的能耗大户;给排水系统是酒店最为分散的系统;而照明系统的自动化,一方面是为了节能;另一方面也是为了烘托酒店装修效果的需要。

(1)电气设备。管理电气设备主要是监视机械的运转状态、测量点及保护装置。管理的主要对象是对各配电系统的断路器、变压器、接触器、保险丝、电容器等的状态监视。测量主要是对电力系统的电流、电压、有功功率、无功功率和功率因数的测量。

(2)新风/空调设备。管理空调设备主要是监视冷冻机、空调器、水泵等的状态;温湿度的测量以及对空调系统所需的冷热源的温度、流量的调节等。

(3)给排水设备。管理给排水设备主要是监视给排水水流量、冷热水上水回水温度的控制和调节等。

(4)照明系统。灯光设置调光回路,由软件自动控制。

第二节 工程管理系统

工程管理主要由三大模块组成,分别是基础信息、设备维修/维护、能源管理。其中基础信息记录酒店工程设备设施的各种信息,包括设备基本信息、安装信息、使用信息、维护信息等;设备维修/维护主要用于工程维修的任务接收、分配、控制及耗材管理等,实现了工程部流程的信息化;能源管理主要用于酒店对整个酒店及各个部门的水电油煤等能耗的记录、分析等,目标在于实现酒店能耗的管理和控制。

一、基础信息

在使用工程管理系统之前,需要根据酒店的实际情况进行设置和信息输入,其中最重要的信息是工程设施设备基础信息、工程人员信息、维修信息等,其目的在于建立对酒店工程领域的基础数据备案(图9-1),工程基础信息的记录和输入工作量大、耗时长,是工程系统顺利运行的关键,酒店应当在建设期详细地记录各种信息并由专人进行工程信息的维护工作,工程信息记录的越完整精确,工程系统运行的效果就越好。

工程设备基础信息记录了设备设施的详细资料(图9-2),其中信息主要包括:

(1)分类信息。设备的大类、小类,分类通常依据设备的类型(比如强电类、弱电类、空调、新风等)。

(2)设备信息。设备名称、编号、归属部门、功率等,许多设备信息可以从设备说明书和铭牌上找到。

(3)安装信息。设备的安装位置、安装时间、维修/保养周期、功率、安装要求等。

(4)财务信息。折旧年限、采购人、采购时间、责任人等。

(5)维护和保养信息。使用年限、保修期、售后维护联系方式、备件获取方式等。

除工程设备基础信息外,工程人员、工程故障类型等信息也是工程系统的重要数据,需要根据酒店实际情况进行输入。

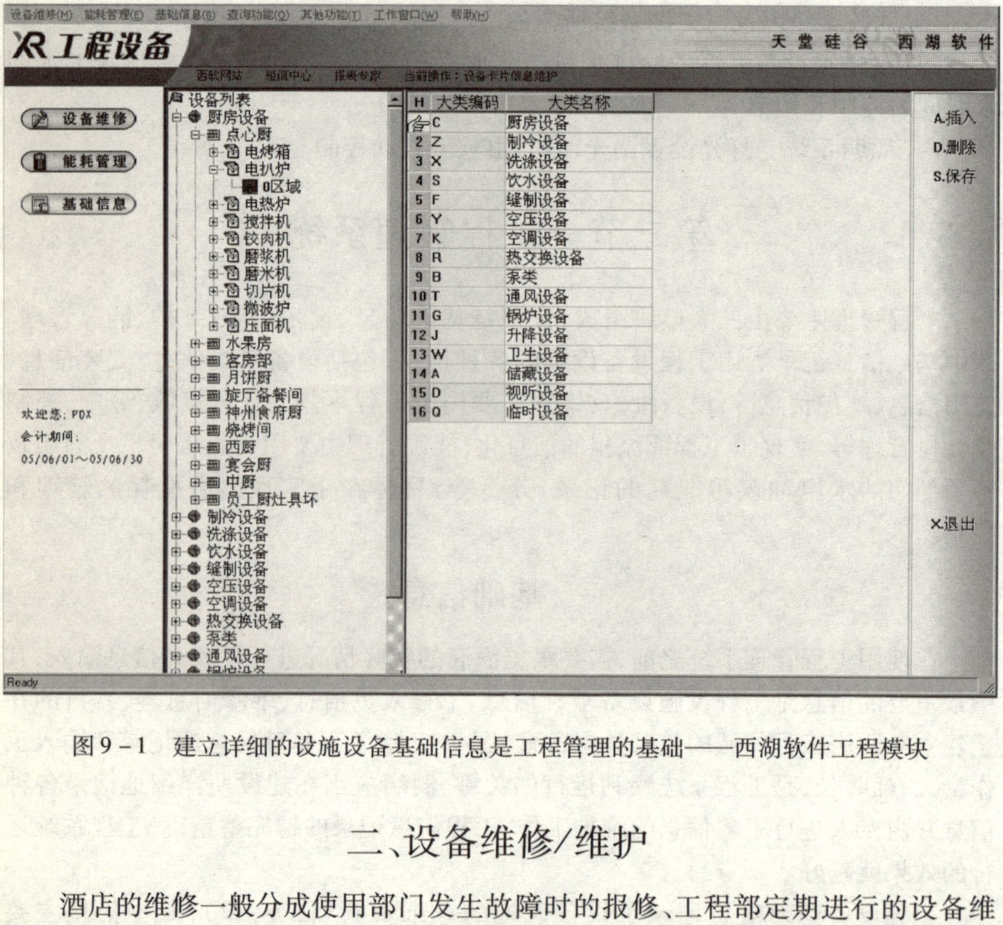

图9-1 建立详细的设施设备基础信息是工程管理的基础——西湖软件工程模块

二、设备维修/维护

酒店的维修一般分成使用部门发生故障时的报修、工程部定期进行的设备维修及不定期进行的设备检修。针对不同的维修/维护,工程管理系统都可以实现流程的信息化。通常客房部是酒店报修量最大的部门之一,而客房维修的速度和质量,对酒店销售活动影响极大。在客房报修的流程中,客房部会将 PMS 系统和工程系统结合使用,已经有许多 PMS 系统内部整合了工程模块,可以完成维修房状态设置和报修流程的一体化。

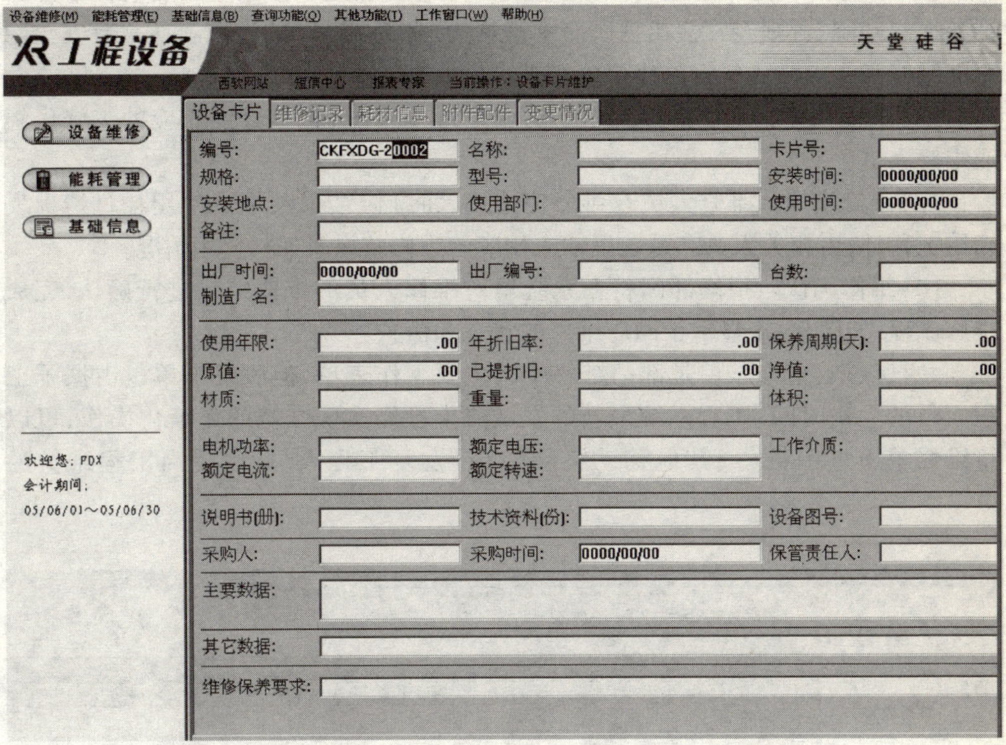

图9－2　工程设备基础信息记录了详细的设备设施信息

1. 部门维修

部门维修的流程一般为(图9－3)：

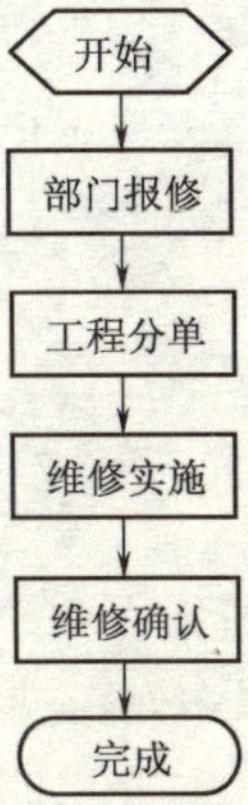

图9－3　部门报修流程

(1)部门报修。报修部门在系统里填写部门报修单并发送给工程部，可以依据维修的紧急程度对报修进行分级，酒店工程部应制定维修紧急程度的标准并保证各部门知晓，否则经常会出现所有维修均为“紧急维修”的尴尬。通常有安全隐患的维修和影响酒店销售的维修应当被优先处理。

(2)工程分单。工程部接到单子后根据维修情况，将其分到相应的维修班组或维修人员。

(3)维修实施。维修人员在维修完成后，将维修结果及维修使用耗材情况反馈给工程部，由相关人员在系统里输入相应的维修结果及耗材使用情况。

(4)维修确认。报修部门将在系统里对维修人员的维修结果进行确认，完成维修流程，如图 9-4 显示了酒店维修的状态和信息。

一直以来，维修工单是部门维修中的主要工作表单，但收发工单也占据了工程人员的大量时间，工程系统最新的发展成果已经实现维修的无纸化操作，可以将维修单通过手机(或其他移动终端)直接发至工程人员，以提高工程维护的效率。

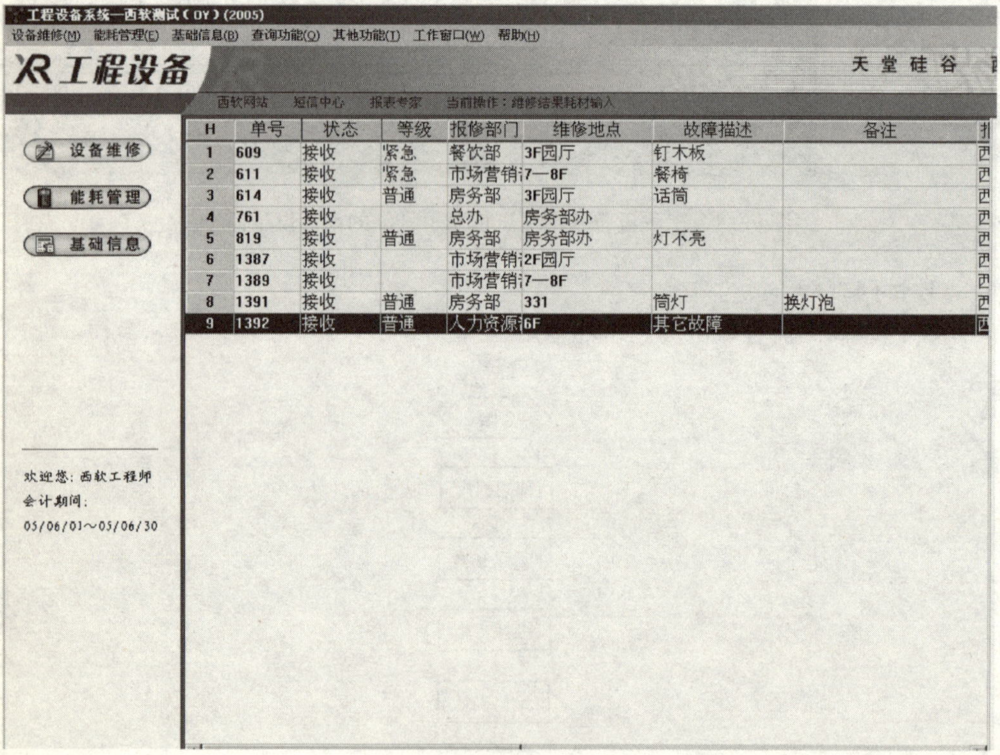

图 9-4　部门报修系统一览

2. 计划维修

就像汽车需要定期进行维护一样，酒店设备设施的长期良好使用离不开定期维护。工程部会根据设备维护需要制定计划,对该设备定期进行维修,工程管理系统可以自动提醒当月或当周需要进行的计划维修。当系统提醒计划维修时,酒店分配人员选择执行计划维修,也可以条件不具备时选择取消计划维修。

3. 设备检修

为了酒店的安全营运,提高酒店设施设备维护保养水平,除部门报修外,设备设施的日常巡检也是工程部重要的工作之一。当工程部对设备进行检修时,可以将使用掉的耗材和检修情况通过设备检修功能进行登记。

三、能源管理

随着低碳环保理念的深入人心和能源价格的不断提高,能源管理和控制越来越成为酒店管理的重要内容,工程管理系统的能源管理模块可以实现能耗使用情况的记录、分析功能。能源管理模块通常具备以下功能:

(1)能耗输入。根据水、电、气抄表情况和缴费信息进行数据录入,包括日期、用量、单价、金额等,需要注意的是输入能耗时应当同时输入同期酒店营业情况,以便于后期进行能耗的分析(图 9－5)。

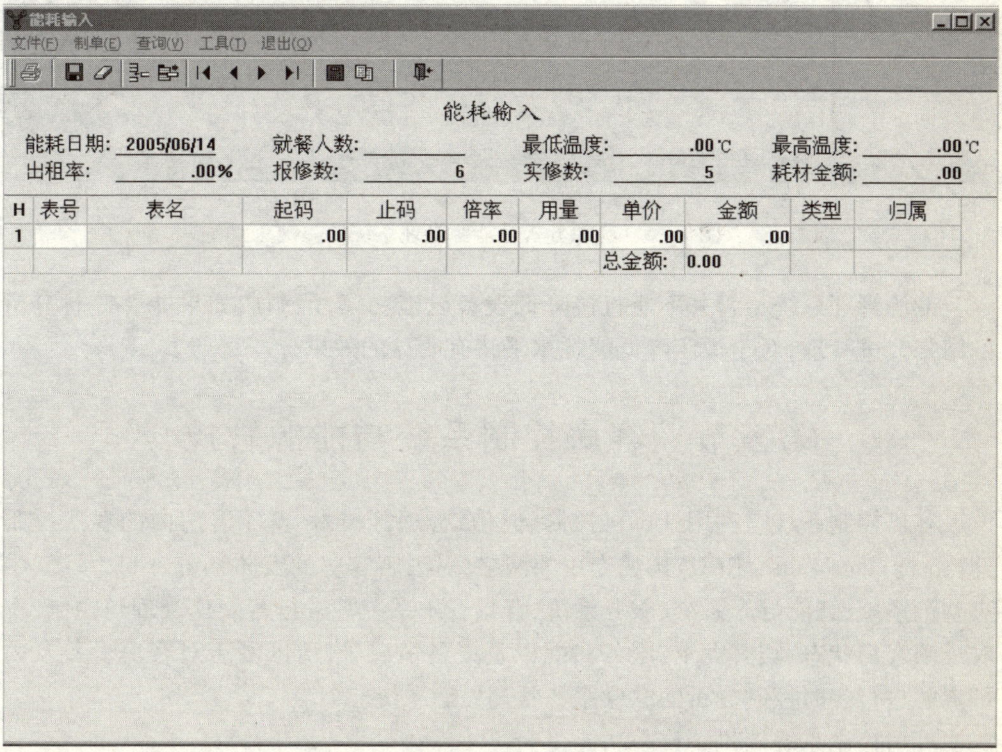

图 9－5　能耗输入是能源管理的关键操作

(2)能耗统计图。

(3)能耗年度对比分析(图 9－6)。

(4)能耗输入查询。

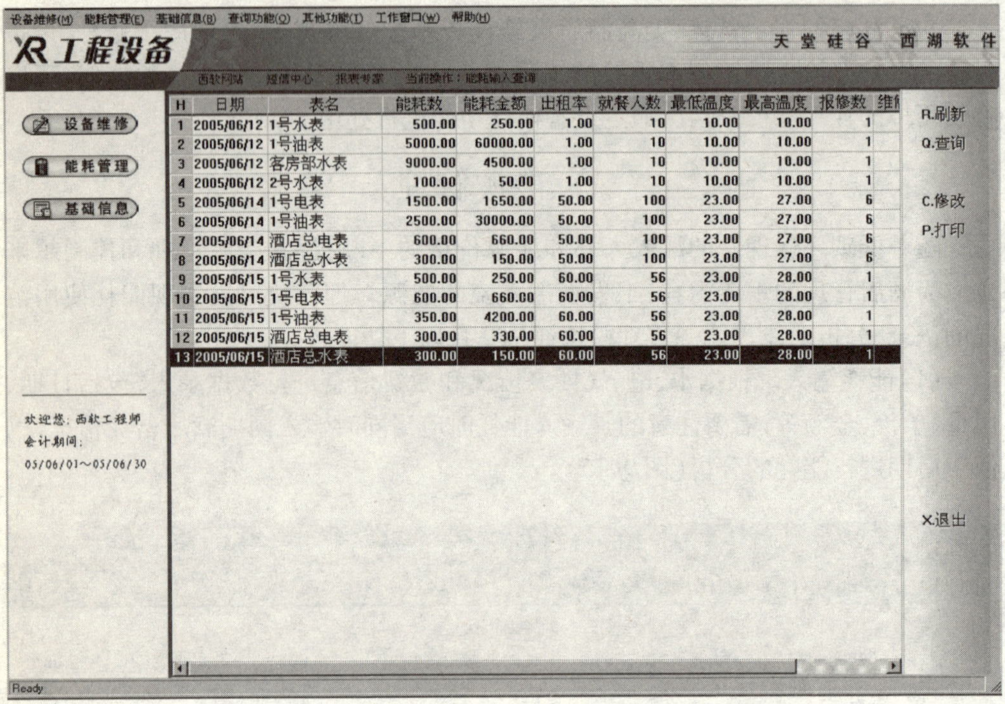

图 9－6 能源分析是能源管理系统的关键

能源管理系统尽管并不能直接降低设备设施功率，但酒店如果能够针对分析的结果改进管理，对于酒店降低能耗水平将有明显的效果。

第三节 客房控制系统与能源管控

客房控制系统是利用计算机控制、通信、管理等技术，基于客房内的客房控制器(room control unit，RCU)构成专用的网络，对酒店客房的安防系统、门禁系统、中央空调系统、智能灯光系统、服务系统、背景音乐系统等进行智能化管理与控制，实时反映客房状态、宾客需求、服务状况以及设备情况等，协助酒店对客房设备及内部资源进行实时控制分析的综合服务管理控制系统。

客房控制系统提供了许多功能：

1. 客房设备控制

(1)场景灯光控制(控制客房内明亮、舒适、浪漫、睡眠、洗浴、会客场景效果)。

(2)客房灯光控制(控制客房内灯光)。

(3)客房服务控制(控制客房内请勿打扰、清洁客房、洗衣服务、稍候等待服务)。

(4)客房空调控制(控制客房内空调风机转速及温度选择)。

(5)客房窗帘控制(控制客房内窗帘、帘纱的开启或关闭)。

(6)电视节目控制(客房电视节目的选择控制)。

(7)电视点播节目控制(客房电视点播节目的控制)。

(8)电视直选节目控制[通过苹果(iPad)界面上的电视台标直接选择控制]。

(9)多媒体信号源控制(电视输入的不同多媒体信号源选择控制)。

(10)显示酒店标志、酒店介绍和酒店其他服务指南。

2. 门外请勿打扰、稍候等待、清洁客房显示、门铃控制盒

(1)中、英文显示“请勿打扰”、“稍候等待”、“清洁客房”。

(2)低压门铃开关控制低压门铃。

3. 客房门磁开关

(1)开启或关闭客房门,控制开启客房欢迎模式场景。

(2)网络控制程序显示客房门开启或关闭状态。客房门长时间开启,网络控制程序显示报警状态。

4. 省电钥匙卡控制插盒

判别客人钥匙卡,服务员钥匙卡,管理人员钥匙卡。

5. 清洁客房开关

(1)请勿打扰开关。

(2)控制门外显示清洁客房,网络系统显示清洁客房,再次按后取消。

(3)控制门外显示请勿打扰,网络系统显示请勿打扰,再次按后取消。

6. 稍候等待控制开关(浴室内单联单控 LED 指示复位开关)

7. 呼唤开关(专用按钮式机械自锁开关)

当客人按下呼唤控制开关后,呼唤控制开关自锁,网络控制程序显示呼唤状态,服务人员必须持解锁钥匙在呼唤控制开关上解锁,取消呼唤状态。

8. 卫生间红外探测器

(1)客人进入卫生间未按动卫生间灯光控制开关,红外探测器探测到客人移动信号自动开启卫生间场景灯光模式。

(2)红外探测器连续 20 分钟未感应卫生间内客人移动,自动关闭卫生间全部灯光和排风扇。

9. 客房内其他墙面灯光控制开关

客房控制系统把照明控制和空调控制都纳入了系统,各个系统间的配合更加协调,场景不单单包括照明或空调,而是两者的完美结合。如迎客模式就可以设定为:当客人用门卡开门时,客房内的部分照明自动打开(视客房情况确定,不能太亮

也不能太暗)，空调自动运行(默认的温度)。这种设置会让刚刚入住的客人有宾至如归的感觉。通过客房控制系统对客房进行管理的手段更加多样。可以远程通过主机进行管理，通过软件编程可以实现客房的控制管理。不管酒店有多少客房，都能实现统一的风格又不失个性；远程监控和就地客房服务协调统一，既提高了服务质量，又节省了人力。

但同时也应该看到，客房控制系统还处在发展初期，相关标准和实践经验仍旧缺乏，尤其是观念和习惯上存在障碍，所以客房控制系统尽管有很多优点，代表了酒店设计的一种趋势，但它的普及和发展成熟需要一个过程，同时作为新技术，相关标准的缺失和客房控制系统造价相对较高也对它的推广具有一定的阻碍。最后还需要指出的是，尽管客房控制系统尚处于发展初期，但它与酒店装修、强弱电控制和客房设备管理深入结合，后期的更换、维修难度很大，酒店选择时需要深入考察，选择成熟、稳定的产品，才能在酒店服务和经营中起到良好的作用，否则将给酒店带来许多麻烦。

第四节　常见智能建筑与工程领域系统

领域	常见厂商	
智能建筑与楼宇自控	美国江森	www. johnsoncontrols. com
	美国霍尼韦尔	www. honeywell. com
	德国西门子	www. siemens. com. cn
	中国特灵	www. trane. com
工程管理系统	国产西湖软件	www. foxhis. com
	中软好泰	www. csshotel. com. cn
	华仪系统等均有工程模块	www. hy - software. com. cn
客房控制	美国快思聪(CRESTRON)	www. crestron. com
	中国西安致远	www. automaneng. com
	中国金马	www. goldhorse. com. cn

【案例】

打造酒店智能客房　提供全新顾客体验

——李妍熙的山东大厦智能客房体验

对于酒店来说，外籍客源经常会带来更高的收入，但流畅地与他们交流并提供优质的服务则是一个挑战，除了加强外语培训和增加多语言标识系统，信息化和智能化所提供的多语言、多文字服务，也为外籍客人提供了良好的支撑。本案例旨在说明 PMS、客房控制系统和电视系统的整合为客人提供优质的服务。

案例背景

来自韩国的李妍熙（化名）女士第一次来到济南，完全不懂中文和英语的她在许多城市出差时遇到了困难，看电视、点餐甚至结账都困难重重。出发前她本打算预订一家国际品牌酒店，但朋友推荐她体验一下山东大厦的智能客房，并很热情地帮她做了预订。

周一上午，李妍熙在助理的陪同下来到酒店，前台已经为她办理好入住，酒店 GRO Elena 热情地陪她前往客房，看得出，Elena 的韩语并不熟练，但她的热情让李妍熙感觉很好。来到客房，Elena 用韩语为她介绍客房功能，说实话，很多地方她没听明白，但她记住了两个很重要的功能：桌面的客房控制器和客房的服务柜。

图 1　客房控制系统与 iPad 整合，将灯光、电视、空调等系统全面整合——山东大厦

客房控制器其实就是一个 iPad，但可以使用这台 iPad 来控制客房的所有设备，灯光、窗帘、空调（图 1），还有李妍熙很关注的电视，运用它可以选择频道和调节音量，更重要的是，它直接显示韩语，李妍熙选择了她最熟悉的 KBS

（韩国广播公司，Korea Broadcasting System）（如图 2 所示，为了便于阅读，已经转换为中文）。

客房服务柜是李妍熙关注的另一个设施，这是一个在衣帽间旁边的柜子，当她有服务需求，如有衣服要洗、有鞋子要擦时，她只需要打开客房一侧的门，将衣物放在柜子中，然后按下门旁的“服务”（Services）按钮即可（图 3），这样她就可以不必再致电客房服务中心，通常，那是一种很困难的交流过程——客房服务中心很少会碰到懂韩语的员工。几个小时之后，当李妍熙看到客房的“取件箱”（Valet Box Delivery）灯光亮起时，她打开柜子——已经洗熨好的衣服就回来了，“真神奇，我以前只在东京半岛酒店使用过这种设施”。

两天以后，李妍熙小姐离开酒店返回韩国，临走前，她通过客房电视查阅了韩文账单并填写了韩文的顾客调查表，她对本次入住体验感觉很好，“也许这家酒店懂韩语的员工并不多，但我照样可以无障碍地体验酒店的设施和服务，电视上韩语的酒店介绍和问候语、韩国电视台、韩文的控制器，这才是回家的感觉吧，比仅仅见面问候一句‘안녕하세요’（韩语你好，an niang ha se yo）可真诚得多了”，李妍熙说道：“下次，我还住这里”。

图 2　智能客房支持多语言的频道选择功能为外国客人提供了方便

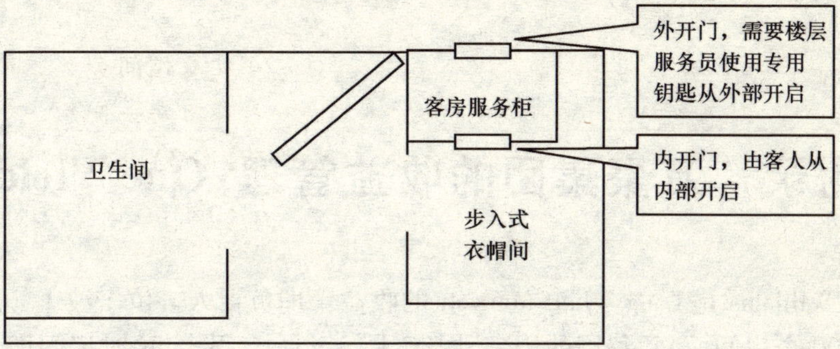

图3　客房服务柜功能示意图

案例思考

运用信息技术，将PMS、电话交换机、电视系统和客房控制系统进行连接，根据PMS中客人的国籍和语言进行多语言、多文字的切换，提高顾客服务质量是非常流行的做法，对于外籍客人尤其明显，通过创新的客房服务柜，客房部可以实时获取客人的服务需求（客房服务柜的服务按钮与客房服务中心连接，当客人有服务请求时客房服务中心可以立刻知晓），酒店既提高了服务质量和速度，又优化了服务流程，取消了早班员工收洗衣的服务环节，提高了工作效率，在山东大厦，信息技术的利用起到了应有的作用。

附录 万豪集团的收益管理:One Yield[1]

Nell Williams 是 Long Wharf Marriott 的收益管理负责人。位于波士顿的这家酒店拥有 400 个房间,通常每周的周三、周四、周六客人会很多,这时房间即使再多一倍也会有客人入住。而另外几个晚上,如星期天,客房的入住率却非常低,一年中如果有两三次能住满客人就已经够幸运了。

这两种情形对于 Nell Williams 来说都是挑战,她的工作不仅仅是让客房住满客人,而是以最合理的价格提供给客人,为酒店赢得更多的利润。她需要将定价和客房控制结合起来使得利益最大化。在入住率高的晚上,她需要注意不要将房间低价早早地卖出。同时,她还要考虑旅客停留时间的长短。有许多因公出差的客人愿意支付较高的房价但仅住一晚,但这些客人一般不会在几个比较空闲的晚上入住。而在星期天,她需要以较低的价格准备很多房间吸引足够多的客人,但同时也要预留一些房间给那些愿意付更多钱的人。

17 年以前,Nell Williams 和她的搭档应付这些挑战依靠的是他们自己整理的统计资料以及个人的智慧,通过这些来帮助决定最终以什么样的价位将客房提供给消费者。制定这些价格占据了她大部分工作时间。

而今天,Marriott 集团 2600 处资产中有 1700[2] 处使用了能使企业收益最大化的自动业务处理系统 One Yield,Marriott 的收益管理人能在不到 1 小时的时间内完成同样的工作。与早期解决酒店业的这个最重要问题(使每一个房间的收益最大化)的系统不同,One Yield 最大程度地降低了价格制定过程中的主观性,它能提供给 Marriott 员工关于某一天、某处资产应该是什么价位的建议。在许多同行仅能勉强生存的情况下,这个系统使一个资产 90 亿美元的酒店集团进一步扩展了它的竞争优势。

One Yield 是 Marriott 自己开发的一个系统。这是一个基于 J2EE 架构、WebSphere 开发工具和技术的 Web 应用,而这些都是 Marriott 以前没有用过的。为此,Marriott 还不得不对那些要使用这个系统的客房经理和那些将为这个系统付费的特许经营商隐瞒了真相,而且还必须保证一次性地在整个集团以及它在全球的 64 个品牌上部署成功。

---

① 资料来源:万豪集团的收益管理. IT 经理世界,2005(6):73、74。

② 2005 年的数字。

Marriott 的执行副总裁和 CEO Carl Wilson 说："这个系统实际上很基础，现在其价值还只发挥了 80%。"2003 年 Marriott 集团的运营收入增长了 17%，同时 Marriott 集团新加盟了 185 个酒店、3 万多个房间，这其中大约 1/3 是从竞争对手中转投过来的。2004 年，那些安装了 One Yield 系统的 Marriott 酒店来自休闲旅游者的收益增长了 2%，为 Marriott 酒店增收了 8600 万美元。Marriott 把这些成绩部分归功于 One Yield 系统。

One Yield 系统诞生

在收益管理这种崭新的运营形式被正式命名以前，Marriott 就是这种经营方式的领导者。根据公司老员工的回忆，当 1985 年 Marriott 销售部门的高级副总裁第一次走进 CEO Bill Marriott JR 的办公室，给他讲述一种称为收益管理的新的经营方式时，Marriott 有些忍俊不禁。这位高级副总裁给 CEO 介绍了这种源自航空业，根据现有的客房情况提价或者打折来提高收益的新的经营方式的好处。他告诉 CEO，在这种经营方式中，公司需要使用计算机模型计算出酒店最佳的价格和销售方法。

Marriott 则告诉这位副总裁，如果他说的就是收益管理的话，那么，公司早就已经采用这种经营方式了。他回忆起在他父亲位于弗吉尼亚阿灵顿的汽车旅馆度过的那些夜晚，那是他父亲在 1957 开的第一家旅馆，门口有一个汽车在经过时就可以进行登记的前台。他父亲知道，如果停车场的汽车停满了，他旅馆里的房间就一定不够了，因此，这时老 Marriott 就密切注意那些载有两位乘客的汽车，因为对这辆汽车可以收取双倍的住宿费。当然，你根本就不用计算机，Marriott 对这位副总裁说。

"老 Marriott 说得对，"Marriott 的收益管理改革和系统战略部副总裁、One Yield 项目业务部门主要参与者 Williams 说，"那的确用不着计算机"。但是，要对遍布全世界成百上千间的客房制定出一个最佳的收益方案，其难度可与火箭上天相比。当航空业引入计算机模型追求收入的最大化时，"那简直就像魔法！"Gartner 副总裁 Robert Goodwin 说，"在给那些聪明的博士们支付了一大笔钱后，拿到了他们提出的复杂的算法。"20 年后，在酒店业，Marriott 先于对手首先掌握了收益管理的秘诀。此后不久，Marriott 在酒店业第一个由 CXO① 级直接负责收益管理战略的制定和实施。

在 20 世纪 90 年代，Marriott 开发了两个收益管理系统，分别是为其完全服务酒店开发的需求预测系统（Demand Forecasting System，DFS）和为其低价旅馆开发的收益管理系统（Revenue Management System，RMS）。

---

① CXO 中的"X"是一种代称，代表现代公司里的一种特定职务。CXO 是现代公司制度下的产物，是所有权与经营权相分离的一种制度表现形式。

在 Marriott 集团工作了 14 年的资深员工、收益管理系统的副总裁 John Whitridge 见证了两个系统的诞生。后来,他逐渐意识到如果不用两个系统,而是在整个酒店集团采用唯一的一个系统会更好,这样,不仅 IT 部门维护更容易,成本更低,而且也更容易与 Marriott 集团的中央预订系统集成,那些管理多种资产的用户也更容易使用。此外,单一系统还有助于高级管理人员在整个集团范围内推广最佳实践。

1999 年,这样的机会来了。RMS 和 DFS 的使用者需要同样功能的呼声越来越高。同时,收益管理和客房管理正在变成 Marriott 集团地方性的事情。越来越多的酒店经理需要使用这两个系统管理他们各种品牌下的多种资产。而且,Web 越来越被认为是一种非常适合新系统的平台。于是,Whitridge 向 Wilson 提出建设新系统,在得到 Wilson 的同意后,他找到 Williams 和 Marriott 的财务人员,着手考虑这个后来被命名为"One Yield"的系统,制定方案。

实现企业的价值

由于 Williams 和 Whitridge 以及他们的职员以前一起共同开发过几个 IT 项目,所以制定一个像 One Yield 系统这样的开发计划对他们来说并不是很难。在 Marriott,所有的 IT 项目必须有业务人员的参与,由业务人员和 IT 人员共同组成项目组。在收益管理领域,由于收益管理本身的复杂性以及它需要来自 IT 系统的支持,使得业务人员和 IT 人员的合作显得非常必要。"我们一直保持着沟通,包括召开面对面会议、电话会议和发送电子邮件等。" Whitridge 说。

为了得到 Marriott 酒店集团执委员的批准,Williams 和 Whitridge 以及他们的职员都知道,新系统的价值必须建立在帮助 Marriott 酒店集团达成以下三个目标的基础上,即提高收益、改变偏好和成长。One Yield 系统就是这个三个目标的结合。如果这个系统成功了,它将能让 Marriott 整个集团,包括它的特许经营者们,得到更多的收益,因为酒店可以让更多客房以较高的价格提供给客人。而且由于 Marriott 这个品牌的利润率提高了,随之就会吸引更多的酒店加盟成为特许经营者。这也就意味着 Marriott 集团的成长,有更多的酒店、更多的客房聚集在 Marriott 的这个品牌之下。

Williams 和 Whitridge 一起采用商业术语详细描述了这个系统的技术细节。例如,Whitridge 知道,Marriott 系统架构师选定的 J2EE 平台的好处是将来进行升级时非常快,而且成本低。业务人员知道,原来的系统每升级到一个新的版本常常需要几年。"我们在谈到新系统中 Web 应用的好处时," Whitridge 说,"我们不说,'嘿,Web 很酷!'我们会说,它能实时无障碍地升级。"

对于业务的理解也在其他方面体现出优势。由于 Marriott 的 IT 人员一直密切和收益经理们合作,共同开发 One Yield 的各种功能和特性,从而将高度定制的系统的风险降到了最低,保证了这个系统最后真正能为业务人员所用。"如果计算机模型不能好好工作会怎样?其风险将会是大笔的收入损失和商业机会的丧失。"Gatern 管理副总裁 Goodwin 说,"但是,Marriott 的这些人似乎对业务非常的了解,从而将上述风险降到了最低。"

整理需求

执行委员会批准 Williams 在 2001 年正式开始。下一步是要说服那些将来使用这个系统以及将为这些系统掏钱的人(Marriott 的每一个 IT 系统都是由那些使用它的人买单的)。One Yield 项目组必须了解系统未来的用户需要什么,包括原来的 DFS 和 RMS 系统中哪些功能是他们喜欢的,哪些是他们所不喜欢的。

这里的沟通目的是双重的。One Yield 项目组不仅是要知道在新系统中要输入什么,而且要知道使用者希望从这个系统中得到什么。需求分析对任何系统的成功都很关键,尤其是对于一个使用者能决定最后是否安装它的系统而言。

One Yield 的部署计划要求 RMS 和 DFS 的全部用户自动地迁移到这个新系统,但是 50% 以上的特许经营者,由于他们过去没有用过收益管理,可以自己选择是否要安装这个系统。一些特许经营者从前一直没有觉得需要这样的系统,如果让他们接受这个系统,这个系统必须能为他们带来真正的价值。

说服工作是由 Marriott 客房计划主管 Russell Vereb 来完成的。"我们必须确信真正理解了这些使用者,他们需要如何交流,他们需要哪些信息,"Vereb 说。因此,他专门制定了一个计划,来和那些可能会买"One Yield"的客房经理、特许经营者以及高级管理人员打交道。"高管层需要知道新系统的成本会是多少钱,可能会对员工们造成哪些冲击。而最终使用者却想知道为什么他非常喜欢的某个功能新系统中没有。"

作为整个计划中的一部分,Vereb 每月给与新系统相关的每一个人发送最新进展简报,从项目起步一直到最后上线,坚持了整整一年。在简报里,他会列出"One Yield"的优点、项目的最新动态、试运行结果、新的培训工具以及系统投入情况。

沟通的成果也证明了 One Yield 项目充分考虑人为因素的正确性。"我们的 IT 人员所进行的工作是科学,这是毫无疑问的。"Whitridge 说,"这些使用者在管理客房、会所以及满足客户需求等工作中也有很多艺术的成分。"

不过,像 One Yield 这样的计算机系统所能做到的工作最终也是有限的。如新系统能提供过去某一天客房的详细预订情况,显示通常最可能出现什么样的预订,据此,推荐一种定价策略。但是,One Yield 不知道,Marriott 某一家酒店的马路对面新开业了一家酒店带走了部分客人,或者某地方预报三天后将有飓风登陆,因此,将有很多客房的预订会取消,而当地的收益经理们知道这些情况。因此,One Yield 项目组给系统设计的工作方式是这样的,在使用者点击按钮,把定价发送给 Marriott 的集中预订系统之前,可以选择接受或者不接受 One Yield 推荐的定价。有时候,客房经理确定的定价要比系统推荐的更合理一些,因此,上述工作方式可以充分保证客房经理的这种价值。

使用者也想知道他们的表现,为此,One Yield 项目组开发了一个收入优化模块,被使用者称为“事后诸葛亮”。One Yield 能把那些后来实际入住了的预订价格,以及那些被客人拒绝了的价格和根本还没有来得及给出的价格数据集中到一起,据此,使用者让 One Yield 系统进行事后的收入最大化,回头看看 28 天前收益经理做出的决定是否还可以更好些。“这个系统可以计算出,如果所有的决定都正确无误的话,最大的收益可能会是多少,”Williams 说。前面那位对面新开了一家酒店的效益经理可能会发现,他高估了新酒店带来的影响,客房的价格偏低了。

原型的重要性

就在 One Yield 项目组中分析业务需求的成员忙于听取用户的意见时候,其 IT 人员也在为这个长达三年的项目进行准备。最终目标是开发一个能够真正发挥作用,而且足够强壮,能够支持 Marriott 未来几年的增长和变化的系统。“基于企业未来的增长目标,我们希望 One Yield 能自由扩展,支持比原有系统更多的用户,”Whitridge 说,“此外,与其他的系统一样,如果系统太慢或者难以使用,用户就不会使用。因此,我们也希望这是一个响应迅速的系统。”

比较棘手的事情是,在现在的开发队伍中,没有人对 WebSphere 开发工具和 J2EE 架构非常了解。“我们仅仅有一些开发小型的、显示静态内容的 Web 应用程序的经验,”收益管理系统高级主管 DeeGee 说。因此,像大多数企业一样,One Yield 项目组将咨询人员扩充进来。此外,Whitridge 还做了一个很关键的决定,就是采用了原型系统。借此,一方面为 IT 人员提供一次技术实践的机会,同时,也可以预先解决一些新系统可能存在的不足。

关键模块的原型系统设计甚至在开发新系统的实验性版本之间就已经开始了,当时 One Yield 计划还在制定中。结果,“很多其他项目上线和试运行时常遇到的问题,我们避免了,”Williams 说,例如,有的报表可能要 5 分钟,而实际上,应该在 5 秒钟内就显示出来。

原型系统的开发使得整个系统上线时间推迟了两个月,但是,Whitridge 很容易就说服了 Williams。“如果两个月换来的是系统在四个月内顺利上线,而不是 2 年,这就是 ROI。”Whitridge 说。

用户培训的新方式

在用户培训时,One Yield 采用了与以往不同的方式。过去,使用者必须离岗接受培训,他们必须离开工作岗位至少两天以上,同时 Marriott 必须找人替岗,并为此支付费用。在 One Yield 系统中,项目组在系统中提供了指导材料,使用者可以自己针对他最需要的某些操作或者功能进行自我培训。使用者越容易接受 One Yield 系统,也就意味着 Marriott 能越早从这个系统中得到回报。

但是,One Yield 还不满足于此。在 Marriott 各种酒店和度假村等处工作的人每天必须用 15 分钟的时间复习一些基本的培训项目,例如如何预测客户的需求,这已经成为 Marriott 的一项标准化活动。项目组还针对这些实践提供了一些示例,同时还进行被称为"培训兴奋剂"的奖励活动。Vereb 对 One Yield 的使用进行监控,如果某些功能使用的人很少,或者人们使用的时候感觉有些困难,他就会针对这项功能制定奖励活动,帮助收益经理们在线复习这些技能。

Wilson 说持续的培训对保证 One Yield 实现企业的价值非常关键。"我们要从这个系统源源不断地得到回报,我们就必须在企业内部创造一种氛围,保证我们比竞争对手的员工得到更多更好的培训。"

持续创造价值

从上线以来,One Yield 一直在不断地为 Marriott 创造价值,而且使用者对 One Yield 越来越熟悉,他们还提出了新的使用这个系统的方法。例如,根据 One Yield 生成的数据,他们提出了资产有效率这个指标,即实际收益与最大收益的比值,现在这个指标已经成为衡量整个企业的管理水平的一个参数。One Yield 帮助 Marriott 将资产有效率从 83% 提高到了 91% 。

现在,Marriott 1/3 以上的资产已经通过 One Yield 来管理。那些从来没有考虑过 One Yield 的特许经营者和高级管理人员们纷纷签约成为 One Yield 的用户。Vereb 说,在最近一次的高级管理人员会议上,他亲眼目睹了他们对这个系统的兴趣。"我看见高级管理人员手拉着手走到 One Yield 的显示屏前说,你必须看看这个,你需要这个。"

位于北达科他州法戈市的 Tharaldson 房屋出租公司管理着多个酒店集团的 355 处资产,正计划将 Marriott 集团下的全部资产转移到 One Yield 系统管理。"我们那些采用了 One Yield 的 Marriott 酒店效益远比没有采用这个系统的好得多。" Tharaldson 的运营副总裁 Aimee Fyke 说。

许多酒店集团的收益管理系统仍然还是只能管理某个单一的资产(如 Marriott 的 DFS 和 RMS),不能与他们的中央预订系统集成。One Yield 给这些酒店集团带来了很大的压力,他们也必须部署一个类似的跨整个企业的系统。

在 Marriott 酒店集团,越多的资产被纳入 One Yield 管理,它越能带来更多的价值。Williams 总结说:"One Yield 是 Marriott 酒店集团未来业务战略的平台。"

参考文献

[1] Michael L. Kasavana, Jonn J. Cahill. 饭店业计算机系统. 第 3 版. 北京：中国旅游出版社，2002.

[2] 石基畅联系统的直连解决方案，www. chinaonline. net. cn/colnew/CN/product_hotelCn_3. html, 2013. 5. 10.

[3] http://www. derbysoft. com/cn/INDEPENDENT_HOTELS. html.

[4] 现化快讯，www. infrasys. cn/cases_01_detail. php? id =61.

[5] www. easyrms. com/zh/product/ezrms.

[6] Lenny Leibmann. Holiday Inn Maximizes Profitability with a Complex Network Infrastructure. LAN Magazine(10), No. 6 (June 1995): 123.

[7] IT 经理世界. 2005. 6(168): 73、74.

[8] http://www. ccw. com. cn/cio/solution/htm2006/20060526_188368. asp.

[9] 慧聪安防网. 尼韦尔上海外滩新半岛酒店智能解决方案，info. secu. hc360. com/2011/01/181007450041. shtml 2013. 05. 10.

[10] 孙伶. 林吉五星酒店争配高科技“管家”，21 世纪经济报道 2009. 11. 12.

后　记

后记本应是结束的标志，会让人冒出许多成就感，但现在感觉自己知识之匮乏、材料之短缺、思维之短浅更甚于动笔伊始。信息化是一个巨大的领域，自己的积累在它面前显得实在渺小，尽管这本书历经六年的积累，经历两次推倒重来。但不管如何，将六年来的心得和积累记录下来依然是值得庆贺的事情，不管它未来被人赞扬、批评还是责难，有朋友能够因它而交流就是最大的成功，也是最大的心愿。

无论如何，首先应当感谢快速发展的行业企业，其中既有洲际、万豪、温德姆、锦江等酒店企业，也包括北京石基公司、杭州西软公司、北京中软公司和北京华仪公司等信息化企业，还有最佳东方、迈点网和先之等媒体平台，正是它们，不断应用信息技术、贯彻信息思维创造出满足顾客需求的新产品、新服务和新做法，而我不过是这些产品、服务和做法的旁观者和见证人。

虽是一本小书，却汇集了很多人的心血，感谢每一位同行的帮助和指点：陈秋院长为我指点写作的方向，并为此书批注了许多内容；李东旭老师撰写了网络营销部分的内容，同时提出了很多建设性的意见与建议；前厅管理方面的内容，由对PMS建树颇多的王磊磊、王政军老师帮忙把关；营销部信息化方面的内容，由尹萍、张朋老师一同把关；涉及财务部门的内容，正在凯悦酒店工作的李峰老师仔细审阅，帮忙把关。此外，浙江金华职业技术学院的谭春霞主任、顾敏艳老师也对本书支持不少。与此同时，北京石基公司吴少勇先生、上海石基孙健先生、天津假日酒店IT部张宝悦经理也有贡献，先后共有四十多位教育界、企业界朋友为本书献计献策，在此向他们表示衷心的感谢。

最后应该感谢我们的家人，他们的鼓励和支持，让我可以完成此书。

确切地说本书不是书，更应该是一本目录，愿更多的朋友能够投身酒店信息化领域，汇集“政府部门、行业协会、酒店企业、开发企业、媒体平台、科研院所”力量，共同推进中国酒店信息化的发展。

穆林

2013年5月18日